**Mut zur Lust**
**Frauen & Sex**

# Mut zur Lust

## Frauen & Sex

Von Hannelore Schütz-Doinet

humboldt

Lebenshilfe & Psychologie

humboldt-taschenbuch 718

Umschlaggestaltung: Wolf Brannasky, München
Umschlagfoto: Walter L. Küchler, München

*Hinweis für den Leser:*
Alle Informationen wurden von Autorin und Verlag sorgfältig überprüft. Dennoch kann eine Gewähr nicht übernommen werden.

**Die Autorin:**
Hannelore Schütz-Doinet arbeitet seit fast zwanzig Jahren als Journalistin für zahlreiche Zeitschriften, u. a. für den „stern".


Druck: Presse-Druck Augsburg
Printed in Germany

ISBN 3-581-66718-5

1 2 3 * 96 95 94

# Inhalt

# Einleitung

*Vor Beginn des Wintersemesters wurde ich auf einen Kurs der Münchner Volkshochschule aufmerksam. Ich ging hin, um darüber eine Reportage zu schreiben.*

*Mit dem Einverständnis und dank der Mitarbeit der Kursleiterin und aller beteiligten Frauen ist im Lauf der Zeit aus der Reportage ein Buch geworden. Ein Buch über die Ängste und Schwierigkeiten, die Frauen im Lebensbereich Sexualität haben. Aber, so hoffe ich, auch ein Buch über die Warmherzigkeit, die Offenheit und den Mut, mit dem Frauen sich mit diesen Ängsten und Schwierigkeiten auseinandersetzen.*

*Daß ich bei dem Kurs von Anfang bis Ende dabeibleiben konnte, daß ich auch danach noch über ein ganzes Jahr hinweg verfolgen konnte, was daraus wurde, verdanke ich »meinen Frauen«. Deshalb widme ich ihnen dieses Buch.*

*Danke, Andrea, Annemarie, Barbara, Daniela, Elena, Ina, Katharina, Lexi, Luise, Regine und Isabel. Eure Namen habe ich geändert. Aber ihr wißt schon, wer wer ist!*

*Danke auch Dir, Chris, für Deine Unterstützung.*

# Der Kurs

Die eine hat sich zum Ziel gesetzt, mit sich selber lustvoller zu werden, um auch mit dem Mann mehr Lust empfinden zu können. Die andere, hochschwanger, will ergründen, ob sie »normal« ist, wenn sie nicht so oft will wie er. Die dritte hat Angst, frigide zu sein. Andere sind ihrer verklemmten Erziehung wegen gekommen, bedrückt darüber, daß sie die Liebe nicht genießen können, obwohl sie ihren Partner lieben. Frauen mit Problemen, die Hunderttausende anderer Frauen auch haben: Schuldgefühle statt Freude, Ablehnung statt Hingabe, Frust statt Lust. Hausfrauen, Mütter, Berufstätige mit und ohne Familie. Frauen, die irgendwann bei Hemingway gelesen haben, daß die Erde bebte. Bei ihnen hat sie noch nie gebebt. Oder nur ganz selten und nur ganz, ganz wenig.

Volkshochschule München, Kurs ES 105, draußen in einem Vorort. Thema: Weibliche Sexualität. Männer, so hieß es bei der Einschreibung, seien nicht zugelassen. Elf Frauen sind gekommen. Sie werden jetzt jeden Dienstagvormittag, früh um 9 Uhr hier sein, falls das Kind nicht krank wird, die Schule nicht ausfällt, das Heizöl nicht just zu dieser Stunde geliefert wird. 96 Mark kostet der Kurs, ab zwei Kindern die Hälfte.

Wir sitzen in der Runde, sehr fremd und abwartend. Jede schaut verstohlen um sich: Das also sind die anderen. Es ist ein kahler Raum. Grauer Boden, die Stühle, harte Bürostühle, beige. An der Innenwand steht ein schwarzes Klavier. Der Raum ist verstellt von acht langen Tischen, die wir am Anfang der Stunde in einer Ecke übereinanderstapeln und am Schluß wieder akkurat aufstellen, wie sie vorher waren. Grelles Neonlicht. Eine stimulierende Atmosphäre ist das nicht gerade. Durch die Fenster sieht man auf den Hof, auf hohe Häuser, auf Beton. Baumaschinen rattern, es wird überall gehämmert. Ein Neubaukomplex entsteht.

Und hier werden wir also acht oder zehn Wochen lang über Sexualität im allgemeinen und die unsrige im besonderen sprechen. Wird das gehen? Und was sind das überhaupt für Frauen hier? Manch eine ist innerlich schon wieder auf dem Sprung: Nein, lieber doch nicht! Worauf haben wir uns da bloß eingelassen. Verlegenheit, Schweigen.

»Ich bin Chris Naujoks«, sagt die Psychologin, eine blonde junge Frau in Pulli und langen Hosen, und erklärt uns in groben Zügen, was uns in etwa erwartet. Ach ja, und das allgemeine Du würde die Sache erleichtern. Und jetzt soll jede von uns was von sich sagen. Wer sie ist, was sie will. O Gott. Jede zimmert sich eilig in Gedanken etwas zurecht.

Tenor: allgemeines Interesse am Thema, Neugierde, Bewußtseinserweiterung. Na ja, und hier und da ein paar kleine Schwierigkeiten. Wie gesagt: hier und da. Weiter will sich keine decouvrieren. Auf diese Bloßlegung waren wir nicht gefaßt. Nicht gleich zu Anfang, nicht in den ersten fünf Minuten. Ich auch nicht. Soll ich ehrlich sagen, ich bin hier, um das, was euch zu sagen schwerfällt, auch noch aufzuschreiben? Dann sagen sie doch gleich, wahrscheinlich einschließlich der Psychologin: Geh. Nur noch drei Frauen sind vor mir dran, es geht der Reihe nach. Also entweder schieb' ich das jetzt auf meine verklemmte Erziehung oder auf meinen ignoranten Mann. Was klingt glaubhafter? Es stimmt ja beides nicht. Wie soll ich das dann einen ganzen Kurs lang durchziehen, Bedrückung vorspielen und Frust? Verflixt, ich hätte mich besser vorbereiten, besser dafür wappnen sollen. Jetzt bin ich dran. Und gegen meinen Willen platze ich sofort damit heraus: »Ich bin hier, weil ich über euch schreiben will. Und wenn ihr das nicht wollt, gehe ich wieder.« Das war bestimmt nicht klug, so etwas zu sagen, gleich in die erste Unsicherheit hinein. Das wäre beim dritten, vierten Mal gegangen, nicht beim ersten. Es ist mir klar, die schicken mich jetzt weg.

Sie palavern nicht lange. Schauen sich an, so fremd sie sich sind, ein kurzes Hin und Her. Regine sagt: »Wenn du dich mit einbringst und nicht nur als Beobachter rumsitzt, hätt' ich nichts dagegen.« Eine andere in der Runde nickt, es ist Daniela. Ja, dann ginge es für sie auch. Und nacheinander für jede einzelne. Die Sache ist okay, ich kann bleiben. Ich bewundere »meine Frauen« für ihre Souveränität.

Wir versuchen, uns unsere Namen einzuprägen, wer wer ist. Ina, Daniela, Barbara, Katharina, Luise und Annemarie. Annemarie, deren Mann immer kann und immer will. Lexi mit ihrem strengen dunklen Dutt. Elena, die im achten Monat schwanger ist; Regine mit den Zwillingen daheim. Andrea, die so sinnlich wirkt mit ihren ästhetischen Rundungen, eine Rubens-Frau ohne den fernen Ernst im Blick. Die jüngste ist fünfundzwanzig, die älteste knapp über fünfzig. Keine Feministin ist dabei, keine Dogmatikerin, keine Besserwisserin. Doch, eine: Wenn sie das Wort ergreift, und sie ergreift es ständig, stöhnen alle auf. Erst nur innerlich, dann vernehmlich. Aber das wird sich ändern. Am Schluß wird sie sehr dazugehören, dann sagt eben jemand: »Jetzt sei halt endlich mal still«, und dann hat sich die Sache. Aber das traut sich jetzt noch niemand. Andererseits wird es aber auch nichts bringen, wenn sich alle von vornherein gezwungenermaßen sympathisch sind: Animositäten können mitunter belebend wirken.

Die Psychologin geht aus dem Zimmer. Die Frauen sollen sich in Dreier- oder Vierergruppen zusammensetzen, sich gegenseitig befragen, einander was erzählen. Entsetzlich. Was wird da erwartet? Soll man auf die andere zugehen und sagen: Ich bin die und die, und ich komme leider nur einmal von acht Malen zum Orgasmus? Oder soll man nur sagen: Ich bin neununddreißig, verheiratet, habe zwei Kinder und gehe gerne ins Theater? Keine kennt die Spielregeln.

Es geht alles sehr, sehr zäh. Ja, Kinder, glücklicherweise haben mehrere kleine Kinder. Zwei sogar Zwillinge, Regine und Katharina. Kinder sind ein Anknüpfungspunkt. Wer die jetzt hütet, während man hier... Oder der Beruf. Oder die S-Bahn, die auch nicht immer so zuverlässig ist, schon gar nicht bis hier heraus. Mühsam, mühsam. Aber ganz geschickt eingefädelt von dieser Chris. Eigeninitiative, das ist es. Am Schluß sitzen zwei Zweiergruppen herum und ein großer Klüngel. Man redet miteinander, leicht verschämt noch. Aber schon ist das erste Interesse an den anderen entstanden, die erste Offenheit.

Die Psychologin kommt zurück, redet über das Thema, das uns die nächsten Monate beschäftigen wird: die Sexualität. Welche Rolle sie im Leben spielt und wie sie selbst sich ihre Sexualität erkämpft hat. Will sonst noch jemand was dazu sagen? Nein, keine. Also redet sie weiter von sich. Wie hilfreich das war, wissen wir erst später. Wie sie damit die Weichen stellte, Schranken öffnete. Erst aber denkt so manche vor sich hin, warum redet die denn soviel von sich. Wir hören zu, kommen ins Sinnieren, schweifen in Gedanken gelegentlich ab.

Sehr lange geht das Träumen nicht. Chris bespricht die Hausaufgaben. Hausaufgaben! Daß man so was machen muß, hat auch keine gewußt. Wir sollen, sagt Chris, das JA/NEIN-Sagen üben. Täglich ganz bewußt einmal JA und einmal NEIN sagen, ohne großes Drumherum. Egal, in welcher Situation, wo und bei wem. Auf jeden Fall täglich, bis zum Ende des Kurses. Dazu sollen wir täglich einmal bewußt eine eigene Entscheidung fällen, »und zwar da, wo ihr sonst sofort gefragt habt: Was willst *du,* was wollt *ihr*?« Und dann auch noch täglich einmal ohne Umschweife die eigene Meinung äußern: »Ich bin der Ansicht, daß ...« oder: »Ich bin da ganz anderer Meinung«. Letzter Punkt der Hausaufgabe: mindestens einmal täglich sich selbst und andere loben. Beispiel: »Ich finde es prima von dir, daß du ...« und »Das finde ich jetzt ganz toll, daß ich das geschafft habe.«

Das klingt erst einmal gar nicht so bombastisch. Klar, daß man täglich öfter nein sagt oder ja, öfter lobt oder auf etwas beharrt, spontan oder mit Vorbedacht. Wie wichtig diese Hausaufgabe ist, merken fast alle erst sehr viel später. Es ist etwas, das sie fast alle vorher nicht geschafft haben oder jedenfalls nur selten: ohne Gewissensbisse, ohne Schuldgefühle zu den eigenen Gefühlen und Entscheidungen zu stehen. Darüber nachzudenken: Was will *ich?* Und nicht nur immer: Was will der andere, was wird von mir erwartet?

»Aber«, fragt Elena, unsere Hochschwangere, »muß man nicht auch mal Kompromisse machen, was von sich hergeben?« Chris sagt: »Das macht ihr sowieso, die Kompromisse. Da hab' ich keine Sorge. Aber ihr könnt nicht immer nur von Kompromiß zu Kompromiß hüpfen.«

Die zweite Hausaufgabe scheint viel leichter, fällt vielen aber, wie sich später zeigt, recht schwer. »Schafft euch«, sagt die Psychologin, »daheim dreimal wöchentlich eine schöne Atmosphäre, für eine halbe Stunde, ganz für euch allein. Denkt über euch nach, macht es euch schön, mit Kerzenlicht, Musik. Und schaut euch nackt an, macht euch mit eurem Körper vertraut, lernt ihn mögen.«

Ja, okay, sagen wir, ziehen unsere Mäntel an und gehen nach Hause. Noch weiß keine so recht, was sie von alldem halten soll.

Heute ist unser erster langer Samstag. Ein bißchen unvermittelt, so fremd und früh schon von morgens bis abends zusammenzusein. Aber organisatorisch ließ es sich nicht anders machen. Jede hat eilig ihre Kinder untergebracht, den Mann beschwichtigt: nein, es wird nicht jeden Samstag so sein . . ., den Freund auf den Abend vertröstet. Jede hat auch etwas mitgebracht. Der eine Tisch im Raum, den wir stehengelassen haben, ist voll mit Salat, Brot, Schinkenröllchen, Kuchen, Kaffee, Limonade. Eine Flasche Wein steht auch dabei. Und Tomaten mit Mozzarella und Basilikum. Und Trauben und Mandarinen. Plätzchen und Lebkuchen natürlich auch. Es ist ja kurz vor Weihnachten.

Wir sind jetzt schon geübte Selbsterfahrungsgrüppler. Deshalb haben fast alle Decken mitgebracht, zum Draufsitzen oder Draufliegen, und warme Socken angezogen. In Stöckelschuhen mit kalten Zehen entspannt es sich nicht so recht.

Chris hat einen Kassettenrecorder mitgebracht. Wir hören Musik, Cat Stevens. Wir liegen auf dem Boden, entspannen. Heute steht die Phantasiereise »Skulptur« auf dem Programm. Welches Symbol wir sehen, das zeigt, wie es mit der eigenen Sexualität steht.

Alle machen die Augen zu. Wir müssen jetzt träumen. Hoffentlich fällt auch jeder etwas Originelles ein, das man hinterher ohne Peinlichkeit erzählen kann. Die Musik ist leise, einschläfernd, sanft-suggestiv. Wir lauschen ihr, minutenlang. Man hört die eine oder andere atmen, schnauben, schnurcheln. Ich habe einen Krampf im linken Oberschenkel – vor lauter Entspannung. Ein Profi bin ich offensichtlich noch nicht. Dann wird die Musik abrupt abgebrochen, wir kehren zurück in die Wirklichkeit. Eine Frau hat in der Phantasie eine Seejungfrau gesehen, »wo unten nichts geht«, wie Chris das später deutet. Eine andere eine Marmorfigur, glatt, kalt, aber sehr schön. Die dritte einen nackten Mann auf einem Felsen, die vierte einen Brunnen. Der stand auf einer Wiese; in der Mitte eine Säule und rundherum schönes klares Wasser. Überhaupt nichts Bedrohliches, wirklich voller Harmonie. Kein Mann weit und breit. Die mit dem Brunnen war Regine. »Was für mich«, sagt sie, »dann nicht mehr harmonisch war: als ich in Gedanken in den Brunnen reingesprungen bin. Da war das Wasser eiskalt, und die Sonne war auch plötzlich weg.«

Lexi kam ein Hahn aus Stahl in den Sinn, auf einem Podest, außen hart und innen hohl. Katharina hat überhaupt nur eine Decke gesehen, unter der sich allerdings etwas bewegte. Aber es kam nicht raus.

Die Phantasien gehen jedenfalls ganz schön durcheinander. Wer ist Objekt, wer Subjekt – so klar ist das offensichtlich nicht zu trennen. Chris versucht, die einzelnen Phantasiebilder zu klären, welche Ängste und Bedürfnisse dahinterstehen. Manche nicken spontan, ja, so ist es. Manche sagen spontan erst einmal nein. Und kommen hinterher und meinen: vielleicht doch.

Wir haben heute viel Zeit zum Reden. Von 9 Uhr früh bis 7 Uhr abends. Unser Reden ist noch ziellos, wir schwimmen etwas. Chris bringt uns immer wieder auf einen Punkt. Dieser lange Samstag ist ein guter Anfang.

»Männer«, sagt Regine, »sind ja gar nicht stark. Die haben keinen Sinn für zwischenmenschlichen Austausch, für Gefühle, das ist das Problem.« – »Was willst du«, sagt Ina, »es ist einfach so, was soll man da noch groß Worte drüber verlieren.« Wir reden über die Erfüllung der weiblichen Sexualität, was das überhaupt ist. Die Orgasmusschwierigkeiten sind offenbar trotz aller Aufklärung geblieben. »Bloß daß jetzt«, sagt Barbara, »auch noch der Erfolgszwang dazugekommen ist.«

Katharina nickt: »Ja, so ist es.« Ein paar andere nicken auch. Wir sind uns nicht im klaren darüber, warum das so ist und wie es zur Zeit überhaupt ist. Da gibt es auch viel zu Unterschiedliches darüber zu lesen. Sexuelle Lustlosigkeit, hat Barbara kürzlich einer Illustrierten entnommen, sei »die Plage der achtziger Jahre«, jeder kenne schließlich heutzutage das sogenannte »Heute-bitte-nicht-Syndrom«. Das hat Barbara einigermaßen über ihre eigene Situation beruhigt. Bis sie dann zwei Tage später in einer Frauenzeitschrift lesen mußte, daß für viele Menschen heute »permanente Lust« das Normale sei. Sex als Dauerbrenner. Das hat sie wieder ganz mutlos gemacht. Vor diesem Hintergrund schien ihr die eigene Lustlosigkeit eine um so größere Katastrophe. Annemarie sagt, sie sei ihrem Mann geradezu dankbar, wenn von ihm mal kein erotisches Signal komme. Das erleichtere sie. Gleichzeitig aber habe sie wegen ihrer Erleichterung ein schlechtes Gewissen. Damit ist Annemarie in dieser Runde nicht allein.

82 Prozent der Frauen, sagt Chris, onanieren: »Und wenn ihr abends in München seid und das macht, werden es 20 000 Frauen sein, die auch gerade dabei sind.« Donnerwetter, so viele. Die meisten machten es nicht nur deshalb, weil kein Mann zur Hand sei, nein: »Sondern auch, weil das Orgasmusgefühl bei der Selbstbefriedigung am schnellsten kommt und meist auch am intensivsten ist. Man steht da nicht unter Leistungszwang.«

Der häufigste Orgasmus der Frauen, das weiß ja mittlerweile jeder, weil man es überall lesen kann, ist nicht vaginal, sondern geht über die Klitoris. Also, meint Chris, könne man zum Beispiel auch die Diskussion um die Länge eines Penis vergessen: »Alles Humbug. Man spürt ihn eh nur im vorderen Drittel der Scheide.« Wir nicken verständig. Daß Orgasmusschwierigkeiten seelisch und nur selten organisch bedingt sind, ist allen klar. Sonst würden sie ja nicht hier sitzen, sondern im Wartezimmer ihres Gynäkologen.

Aber das Gerede von diesem ominösen G-Punkt, der bei richtiger Stimulierung einen ganz besonders intensiven Orgasmus auslösen soll, verwirrt uns wieder total, zumal ja auch nicht alle Wissenschaftler an seine Existenz glauben. Schon das Wort macht uns mißtrauisch, vertreibt uns die Lust. Das hört sich an, als müßten wir gleich mit Kompaß und Taschenlampe nach unserem G-Punkt im Unterleib herumsuchen. Chris hält ihn im übrigen für nicht so wichtig, obwohl sie ihn – erst jüngst – tatsächlich bei sich entdeckt hat.

Der normale Geschlechtsverkehr, sagt Chris, sei, von der sexuellen Stimulation her gesehen, für Frauen ohnehin ungünstig, für die Männer dagegen sehr günstig. Obwohl die Männer sich ja wirklich sehr gebessert hätten. Wie man das früher gemacht habe, gleich rein in die Scheide, da gehe heute nichts mehr. Lexi sagt, sie habe beim Geschlechtsverkehr noch nie einen Orgasmus gehabt. Sie will wissen, »wie diese Erregung aufzubauen ist«. Chris sagt, das komme gesondert dran.

Ob es schon einmal eine mit einem Massagestab gemacht habe, will sie wissen. Keine sagt etwas. Na ja, räumt dann eine ein, gehört hat man ja schon davon. Aber so richtig praktiziert ... Wer und ob überhaupt schon jemand zum Vibrator gegriffen hat, kommt an diesem Tag nicht heraus. Dafür bekennt Ina, sie habe sich einmal diese tollen chinesischen Kugeln gekauft, von denen man immer soviel Aufhebens mache. Sie sei aber leider nicht mehr zum Ausprobieren gekommen, einen Tag nach dem Kauf habe sie sich von ihrem Freund getrennt und Sex erst einmal weit weggeschoben. Im Moment sieht es so aus, als kämen sie wieder zusammen. Dann will sie die Kugeln ausprobieren und uns erzählen, wie sie sind.

Welche Erfahrungen wir mit den Hausaufgaben, den JA/NEIN-Übungen, gemacht hätten, will Chris wissen. Ja, wir haben sie einigermaßen gemacht, aber keine richtig konsequent. Das gefällt Chris nicht: »Eure Wünsche ausdrücken zu können, zu sagen, ich brauch' das und das und ich fühl' mich so und so und ich will das und das nicht, das müßt ihr lernen.«

»Was mach' ich«, fragt Annemarie, »wenn er dann aber gar nicht zuhört; sich einfach stur stellt, verweigert?« – »Notfalls«, sagt Chris, »notfalls muß man sich dann von seinem Partner trennen. Wenn er gar nicht auf einen eingeht.«

Wir sitzen im Kreis auf dem Boden, ein paar im Schneidersitz, andere halb liegend, in einen Schlafsack gekuschelt. Draußen ist es trüb, November. Wieder einmal rattert irgendeine Baumaschine, obwohl es Samstag ist; Kinder schreien, ein Flugzeug donnert durch den Himmel. Wir versuchen, in uns hineinzuhorchen. Thema: Reise in die Kindheit.

»Schließt die Augen«, sagt Chris, »geht in der Zeit weit zurück, ins Haus daheim. Und dann seht ihr euren Vater und die Mutter. Welche Gefühle sind euch da übermittelt worden, was hat euch das Gesicht der Mutter oder des Vaters gesagt, was war die Botschaft, die ihr über Sexualität bekommen habt.« Es geht um die Ursache der Verklemmung – warum ist die eine weniger, die andere mehr und manche gar nicht verklemmt? Es scheint nicht so zu sein, daß nur das Wort »pfui« für »das da unten« Schäden anrichtet. Oder nur die Worte: »So was tut man nicht.« So einfach ist es nicht. Die meisten sexuellen Verbote, sagt Chris, laufen ohne Worte ab, »durch Gesten, Mimik, Einfrieren«.

Alle versuchen, sich in ihre Kindheit zurückzuversetzen, an den Vater zu denken, an die Mutter. Ihre Gesichter vor sich zu sehen, ihre Stimmen zu hören. Welche Signale haben sie da empfangen? Die meisten keine guten. Das Gesicht der Mutter war resigniert, manchmal auch verängstigt, wenn der Vater gute Nacht sagte und mit ihr ins Schlafzimmer ging. Manchmal hörten sie die Mutter nachts weinen oder den Vater schimpfen. Sie trauten sich nie, nach dem Grund zu fragen. Andere dagegen haben überhaupt nie etwas gemerkt, haben keine Erinnerung. Auch nicht an ein zärtliches Lachen hinter der Tür.

»Meine Mutter«, sagt Andrea, »hat immer nur gesagt, mach, was du willst, aber bloß kein Kind. Dann ist das Leben versaut.« – »Alles, wovor meine Mutter mich gewarnt hat«, wirft Ina ein, »ist letztlich eingetroffen. Ich hab' viele Freunde gehabt, ich hab' ein uneheliches Kind. Sie hat das alles nicht verhindern können.« – »Meine Mutter«, sagt eine dritte, »die hat beim Schlafen mit meinem Vater nie ans Genießen gedacht, sondern immer nur daran: Wann ist er endlich da, damit ich die Spülung machen kann. Das hat sie mir viel später mal gesagt.«

Der Vater in der Erinnerung, das macht zwei, drei Frauen sehr zu schaffen. Was waren das für Väter, was für Männer, wie waren sie zu ihren

Frauen, zu ihren Töchtern. Einer steht plötzlich bildlich im Raum: hartherzig, streng, ein bißchen verlogen, gierig auch. Er ist längst tot. Seine Tochter, die jetzt hier in dieser Runde sitzt, redet leise, stockend. Alles kommt in ihr hoch, die Beschimpfungen, der Druck, die Angst. Sie weint. Die, die neben ihr sitzt, legt den Arm um sie. Ganz lange.

Der lange Samstag ist zu Ende. Wir gehen sehr still, auch ziemlich bedrückt nach Hause. Bei vielen ist an diesem Tag viel hochgekommen. Und ein Gefühl hat zu entstehen begonnen: Zusammengehörigkeit.

Die, die das letzte Mal so geweint hat, ist heute nicht gekommen. Das macht allen Gedanken. Ist sie nur verhindert, oder geht es ihr schlecht? Telefonnummern oder Nachnamen haben wir noch nicht ausgetauscht. Man kann also nicht einfach anrufen und fragen.

Die Hausaufgaben vom letzten Mal – Körpererkundung: sich nackt hinlegen, mit sich selber experimentieren, herausfinden, wo man wie berührt werden möchte – haben die meisten gemacht. Oft gegen großen inneren Widerstand. Eine sagt, sie sei als Kind einmal beim Onanieren erwischt worden. Das sei furchtbar gewesen: eine himmelschreiende Sünde. »Ich war wie bescheuert. Ich dachte wirklich, ich muß jetzt zur Strafe mein ganzes Leben lang onanieren. Ich bin gezeichnet, verloren, kriege nie mehr Mann, Kind, Familie.«

Annemarie hat ihrem potenten Mann von den Hausaufgaben erzählt. Er dagegen, schon wieder ganz angetan, hat darauf gesagt: »Du wirst nicht eine halbe Stunde nackt vor dem Spiegel stehen!« Schon bei dem Gedanken daran habe er wieder Lust bekommen, sagt sie. Sie hat die Übung gemacht, als er weg war. Sie hat extra den Spiegel ins Wohnzimmer gestellt, weil bei ihnen das Schlafzimmer so kalt ist. Sie sind Frischluftfanatiker. Aber es war ihr dann auch im Wohnzimmer zu kalt, so nackt. Sie zog mitsamt dem Spiegel ins Badezimmer. Da ging es dann eher. Aber grundsätzlich hat sie es sowieso gehaßt, sich anzuschauen. »Ich hab' immer nur auf die Stellen geschaut, die mir nicht gefallen an mir.« Annemarie hat eine schlanke Figur, um die sie viele beneiden könnten, schmal und straff. Aber das hat ihr schon lange keiner mehr gesagt. Annemarie lebt weitab, draußen, in einem *sehr kleinen* Dorf. Da leben nur Frauen mit Kindern. Die Männer, auch Annemaries Mann, fahren jeden Morgen 30, 40 km bis in die Stadt, kommen am Abend heim. Annemarie möchte auch in die Stadt fahren, wieder arbeiten, unter Menschen sein. Aber mit ihren beiden Kindern ist das völlig ausgeschlossen.

Katharina hat die Hausaufgabe nicht gemacht. Sie hatte Angst davor: »Ich würde mich dabei doch nur fertigmachen. Ich mag mich ja schon in Klamotten nicht gerne anschauen. Und dann auch noch nackt. Da schmeißt du dich in Gedanken ja gleich weg.« Die anderen Frauen verstehen das nicht. Katharina ist ausgesprochen hübsch anzusehen.

Warum hat sie so eine geringe Meinung von sich?

Wir reden über Vorurteile, Mythen, Zwänge. Darüber, wie wichtig es ist, daß man auch an sich selber denkt und nicht immer nur: Wie empfindet *er* es, gefällt *ihm* das? Das sei unvereinbar mit dem eigenen Genuß. »Bewegt euch möglichst frei«, sagt Chris, »laßt euch gehen, stöhnt, schnauft, keucht; das ist ganz natürlich. Deshalb ist auch für viele Musik wichtig: daß ihr euch selbst nicht so hört, in die Stille hinein. Oder die Nachbarn, falls ihr davor Angst habt.«

Die meisten plagt immerzu das schlechte Gewissen, weil sie in sexueller Hinsicht nicht so sind, wie sie es von sich erwarten. So einfach wie die 27 Prozent amerikanischer Frauen im letzten Hite-Report, die erklärten, Sex sei für sie nicht so wichtig und sie verzichteten deshalb ganz darauf, so einfach machen die Frauen hier es sich nicht. »Das ist«, sagt Katharina, »nicht so einfach mit einem Mann daheim, der es am liebsten jeden Tag hätte.« Sie alle kennen »dieses Vermeidungsverhalten«: Müdigkeit vorschützen, Kopfweh, Frieren. Oder einen Streit vom Zaun brechen, bloß damit es nicht »dazu kommt«.

Ina sagt, sie verspüre schon des öfteren Lust. Doch plötzlich, mittendrin, ohne ersichtlichen Anlaß ist alles vorbei. Da fallen ihr tausend Dinge ein, da denkt sie an alles, bloß nicht mehr an Lust oder an den Mann. Andrea atmet auf: genau das gleiche bei ihr. Annemarie sagt auch wieder geradeheraus, wie es bei ihr ist – der Samenerguß zum Beispiel ist ihr zuwider: »Das Gepappe stört mich. Ich denk' dann immer nur: jetzt gibt's Flecken, und dann kann ich gleich wieder das Bett neu beziehen.« Am liebsten würde sie von vornherein etwas drunterlegen. Daniela, die Medizinstudentin, kann es nicht fassen: »Das ist ja nicht gerade erotisch, wenn du gleich mit einem Unterleggummi kommst ...« Annemarie fände es dennoch äußerst praktisch. Sie denkt im Bett ohnehin an tausend haushälterische Dinge, »an die Waschmaschine und was noch alles rein muß, und daß die Kinder auch wieder neue Gummistiefel brauchen«. Da kommt kein Genuß auf. »Ich glaube«, sagt sie, »ich bin zu pingelig.« Sie ist peinlich genau dazu erzogen worden, so zu sein.

Ganz groß vor allem ist ihre Angst vor »Kontrollverlust«. »Lernt euch selber wieder riechen, schmecken. Kinder können das«, sagt Chris. »Freundet euch mit eurem Körper an, notfalls mit einem Parfum, wenn ihr das als Hilfsmittel braucht, mit einer gut riechenden Lotion. Wichtig ist: schrittweise weitergehen.« Annemarie sagt: »Igitt.«

Auch heute liegt wieder der Schwerpunkt auf dem Thema: Eigenständigkeit statt Resignation, Selbstgefühl statt Rückzug. JA sagen, wozu man sich sonst nicht traut, NEIN sagen statt dieses ewigen »dann mach ich's halt«. Ein allen vertrauter Satz. Eine Haltung, die wir ändern müßten.

Also üben wir es. Wir stellen uns in einer Reihe auf, vor einer imaginären Ladenkasse. Eine Frau drängelt sich vor, rücksichtslos, wichtigtuerisch. Die anderen müssen sich wehren. Einige können es einigermaßen, manche wollen es erst gar nicht versuchen, obwohl es nur ein Rollenspiel ist. »Das kostet mich soviel Energie, da lass' ich die Dränglerin lieber gleich vor«, sagt Elena. Sie ist ziemlich klein: »Ich werde oft sowieso einfach weggeschoben.« Es liegt ihr nicht, sich zu wehren. Auch daheim nicht, auch nicht im Bett. Sie findet es »einfacher, fünf Minuten stillzuhalten, als drei Stunden lang erklären zu müssen, warum ich eigentlich nicht will«. Aber sie will es lernen. Nur, »von heut auf morgen geht das eben nicht«.

Sexuelle Lustlosigkeit, auch dieses Wort kommt oft vor in dem Kurs. »Ich bin offensichtlich hoffnungslos frigid«, sagt Annemarie. »Was ich alles schon dagegen gemacht habe.« Das empfindet sie als Makel, genauso wie ihr Mann Impotenz als Schande empfände. »Kürzlich hat er schon zu mir gesagt, daß er nicht längst impotent geworden wär', bei mir, würde ihn selber wundern. Das läge nur an seinem starken Geschlechtstrieb.« Nachdenklich sagt Daniela zu Annemarie: »Aber wenn du das so zwanghaft versuchst, kann es doch nichts werden. Da kannst du dich doch nie fallen lassen.« – »Das kann ich auch nicht«, sagt Annemarie, »bevor ich es nicht geschafft habe.« Das Wort »frigid« nervt Chris. Das ist für sie nur »ein erfundenes Etikett, mit dem Frauen sich traktieren und traktieren lassen«.

Die meisten haben sich schon einige Bücher, die Chris als Begleitlektüre empfohlen hat, gekauft und durchgelesen. Sie wissen über vieles Bescheid, kennen Statistiken: Wie viele masturbieren, wie viele betrügen ihre Männer oder werden betrogen, wie viele haben dabei Gewissensbisse. Mit solchen Problemen, sagt Barbara, könne sie nicht viel anfangen. Sie schlägt sich nicht mit der Gewissensfrage »Lust ohne Liebe« herum. Eher mit »Liebe ohne Lust«. Sie kommt sich mickrig vor, unbefriedigend für den Partner. Das macht ihr Komplexe.

Neue Hausaufgabe: In der Partnerschaft mindestens einmal täglich direkt Wünsche ausdrücken, in der ICH-Sprache – ich möchte, ich wünsche mir, ich will lieber ... – einmal direkt Gefühle ausdrücken (ich fühle mich enttäuscht, ich bin stocksauer, ich fühle mich jetzt pudelwohl). »Lernt die ICH-Sprache«, sagt Chris, »nicht versteckte Vorwürfe in der DU-Sprache daherbringen.«

Heute sind wir nur zu acht. Daniela hatte einen schweren Autounfall und liegt im Krankenhaus. Regine muß sich um ihre Zwillinge kümmern, die Oma ist krank. Andrea fühlt sich nicht wohl. Dafür kommt, nach der ersten halben Stunde, eine Neue. Ysabel heißt sie, ist vierundfünfzig Jahre alt, verheiratet, mit erwachsenen Kindern, und sie hat, wie sie sofort sagt, ihre Sexualität erst mit einundvierzig entdeckt. Alle horchen auf. »Wenn man jemanden kennenlernt, der es in dem Alter noch geschafft hat«, sagt Annemarie, »denkt man, man schafft es selber vielleicht auch.« Alle sind froh, daß die Neue da ist, Ysabel, die Spanierin. Verständigungsprobleme gibt es nicht, sie lebt seit fünfundzwanzig Jahren in Deutschland. Sie wird sich als eine absolute Bereicherung herausstellen. Geradlinig, offen, mutig.

Lexi hat eine neue Frisur, trägt die Haare nicht mehr so straff zum Knoten gebunden. Alle haben ihr gesagt: Mach dich doch nicht strenger als du bist. Jetzt fallen die Haare locker herunter, sie sieht weicher, jünger damit aus, auch wenn sie selbst sich noch nicht richtig dazu bekennen kann. Lexi sagt, sie habe nur keine Zeit zum Frisieren gehabt. Außerdem hat sie ein Problem, das sie mit den anderen besprechen möchte. Sie will unbedingt wieder arbeiten. Aber ihr Mann ist dagegen, sie hätten das nicht nötig, er verdiene genug. Sie solle besser zu Hause bleiben. Aber genau das frustriert sie. Sie hat immer wieder zwischendurch gearbeitet, immer wieder aufgehört, wenn die Situation es erforderte. Aber jetzt ist die einzige Tochter über zwanzig, Lexis Anwesenheit daheim wird nicht mehr so gebraucht, auch wenn sie einen Garten zu versorgen hat, einen Hund und eine Katze. Alle reden Lexi zu, sich eine Arbeit zu suchen, wenigstens halbtags. Dieses Problem beschäftigt die meisten, wir gehen ins Detail. Irgend jemand nervt zwischendurch, fragt, wann genau man die Hausaufgaben machen solle, morgens oder abends. Oder ob es egal sei. Alle stöhnen auf. Es sei egal.

Inzwischen haben sich zwei einen Vibrator zugelegt. Eine hat ihn bislang noch nicht ausprobiert, und Annemarie, die jetzt auch einen zu Hause hat, kommt sich damit vor wie beim Zahnarzt. »Auch wenn ich's unter der Bettdecke mache«, sagt sie, »das brummt und surrt so, das kann man nicht ertragen.« Vielleicht, sagt Chris, habe sie ihn zu stark eingestellt. Sie selbst hat mal einen von einer Frauengruppe geschenkt bekommen, einen aus schwarzem Leder, Eichel und Penis vergoldet.

Chris rät Annemarie, es statt des Vibrators mal mit der Dusche zu versuchen. Das funktioniere ähnlich.

Annemarie sagt, sie wolle es versuchen. Sie versucht ja ohnehin alles, zieht seit drei Jahren »total viele Programme durch«. Obwohl sie systematisch »dagegen« erzogen worden ist: »Ich bin katholisch. Ich hab' von meiner Mutter immer stark vermittelt bekommen, daß man schon billig ist, wenn man sich nur schminkt.« Wenn sie »unschamhafte« Gedanken hatte, ging sie zur Beichte. Ganz konnte sie ihre sexuellen Phantasien trotzdem nicht unterdrücken. Aber sie verschaffte sich dafür eine Hintertüre. »Ich hab' mir immer vorgestellt, daß mich sozusagen einer vorher unfähig macht, irgendwie brutal niederschlägt. So daß ich mich nicht wehren kann. Und was dann geschah, da konnte ich dann ja nichts dafür.« Ein paar andere nicken, solche Tabus sind auch ihnen eingeimpft worden. Aber die »sündigen« Wünsche waren dennoch da.

Heute machen wir die Kegelübung. Jede Übung dreimal täglich, sagt Chris, die kann man immer und überall machen, zu Hause, unterwegs, im Büro. Wenn die Ampel rot ist, wenn man auf den Bus wartet, beim Kaffeetrinken, das fällt gar nicht auf: »Man muß nur diesen Muskel drei Sekunden lang anspannen und dann wieder entspannen. Dann kommt die Vibrierübung, dieselben Bewegungen, die man jedoch ganz schnell macht, als würde man sagen: Fischers Fritze fischt frische Fische . . . Drittens: Ihr stellt euch vor, der Scheidenmuskel kann saugen. Saugt es in die Scheide ein und stoßt es wieder ab. Das kann in Gedanken alles sein, irgendwas, das euch angenehm ist, von mir aus ein Penis.«

Viertens die Fahrstuhlübung: »Stellt euch vor, euer Muskel ist im Erdgeschoß. Geht in den ersten Stock, bleibt da ein bißchen, geht weiter in den zweiten Stock und, wenn ihr mögt, noch ein bißchen höher, in den dritten, vierten Stock, bis der Fahrstuhl einrastet. Bleibt einen Moment da, fahrt dann ganz langsam zurück in den vierten, dritten, zweiten, ersten Stock, ins Erdgeschoß. Und dann geht es in den Keller. Das ist unheimlich entspannend und öffnet.« Es sei gut, meint sie, wenn man in den Keller gehen könne und immer wieder ins Erdgeschoß. Vor allem, wenn man allein sei: »Auf der Straße seid ihr im ersten Stock oder im Erdgeschoß, beim Geschlechtsverkehr ist es gut, wenn ihr vom vierten Stock in den Keller gehen könnt. Das ist ein Loslassen.«

Wir liegen da und versuchen, in Gedanken mit dem Fahrstuhl auf und ab zu fahren. Ysabel sagt, sie habe eine Freundin, »die war kürzlich ein paar Minuten einfach weg nach einem Orgasmus. Da hat sie Angst gekriegt, ob das normal ist.« Auf jeden Fall, sagt Chris, sei es eine große Ausnahme. Sie lacht: »In diesem Fall nur besser nicht in der Badewanne.«

Ysabel hat vor zehn Jahren noch gar nicht gewußt, »daß es das gibt«. »Das muß jede Frau erst einmal selber erfahren«, sagt sie jetzt. »Wenn man auf den Mann wartet, kriegt man es nie. Ich hab' es zwanzig Jahre nicht gehabt. Dann hab' ich darüber gelesen und es ausprobiert. Und dann zu meinem Mann gesagt, du hast es mir bisher nicht gegeben, jetzt mach' ich es selber. Das reizt die Männer sehr.« Sie hat es jetzt auch mit ihrem Mann.

Katharina ist fast zwanzig Jahre jünger als Ysabel. Sie sagt: »Ich hab' mich halt dazu durchgerungen, daß ich die paar Minuten hinter mich bring', dieses Gefühl eben nicht hab'.«

Ysabel widerspricht ihr temperamentvoll: »Doch, doch, doch. Das ist etwas Schönes. Das mußt du ausprobieren. Sakrament, hab' ich mir damals gesagt, jetzt hab' ich so lang schon gelebt und es noch nicht gekannt.« Kürzlich hat sie ein Buch gelesen, in dem Briefe von Frauen veröffentlicht waren: »Fünf von dreißig Frauen haben das nur gekannt. Das ist schon traurig. Und alle waren verheiratet.«

Annemarie hat das Buch auch gekauft, es aber bald wieder beiseite gelegt. Es hat ihr nichts gebracht: »Frigid bin ich selber«, sagt sie mißmutig vor sich hin.

Annemarie ist von Ysabel fasziniert. Ysabel, die dunkle, energische, lustselbständige Frau. Und Annemarie, die spröde Blonde, die sich immer eisern Ziele setzt wie ein Langstreckenläufer oder ein Hochspringer. »Bei mir«, sagt sie zu Ysabel gewandt, »ist es so: Friß, Vogel, oder stirb. Innerhalb dieses Kurses muß es jetzt soweit kommen. Als Ziel hab' ich mir das Kursende vorgenommen, allenfalls das nächste Weihnachten.« Deshalb macht sie auch eisern alle Hausaufgaben, zieht alles korrekt durch. Aber es bringt ihr nichts. Zum Beispiel die Übung, sich anzuschauen, es sich schön zu machen, sich das Drumherum, was immer man als Stimulation braucht, einfach in Gedanken zu erfinden. »Das kann ich nicht«, sagt sie, »ich habe keine Phantasie.« Sie macht die Übungen meist im Bad, da kann sie die Tür abschließen. Sie hat dort mittlerweile den Spiegel in die richtige Höhe gehängt, die Wickelkommode rausgeschmissen und einen Korbstuhl hineingestellt. Sie hat auch einen Kassettenrecorder dabei mit französischer Musik: »Da bin ich also im Bad und stell' mir vor – die Chris hat ja gesagt, wir sollen das tun –, ich lieg' auf einer Blumenwiese. Aber ich kann mich nur wie auf einer Blumenwiese fühlen, wenn ich auch auf einer Blumenwiese bin. Und ich schau' in den Spiegel und hör' Musik, und da tut sich gar nichts. Von Erregung kann bei mir keine Rede sein.« Dann wird ihr »stinklangweilig und dann mach' ich Skigymnastik nebenher, und dann schau' ich auf die Uhr, ob die zwanzig Minuten zu Ende sind.«

»Skigymnastik!« ruft Ina aus. »Das ist ja nicht gerade sehr anmachend.« Annemarie zuckt die Achseln: »Ich weiß auch nicht, was mit mir los ist. Ich mag das Untenrum eben nicht so. Bei mir nicht und bei anderen auch nicht. Der Kleine scheißt zweimal am Tag in die Hose oder pieselt mir beim Wickeln in die Hand. Mit dem ganzen Untenrum verbind' ich nur Arbeit und schlechtes Riechen.« – »Wenn du im Bad hockst und deine Zeit abhakst, kann das ja nichts werden«, gibt Ina zu bedenken, »stell dir doch einfach einmal vor, wie zehn Männer auf dich scharf sind. Streichle dich dann, wenn dir danach zumute ist, nicht nach Zeitplan.« So spontan geht es bei Annemarie aber nicht. »Vor dem Streicheln«, sagt sie, »muß ich mich immer waschen, das ist so ein Bedürfnis bei mir. Und bis das dann erledigt ist, ist die Lust sowieso schon längst wieder vorbei.« Eine, zwei Frauen seufzen. Warum hat Annemarie nicht endlich einmal einen Orgasmus. Das wäre ein Segen.

Als Hausaufgabe sollen alle einen Brief von ihrer Scheide oder Klitoris an sich selber schreiben: »Liebe Anna, ... Deine Scheide«. »Was die dir halt zu sagen hat«, umreißt Chris grob, »das Positive wie das Negative.«

Malen sollen wir unsere Genitalien auch. Als Anregung hat Chris das Buch einer amerikanischen Künstlerin mitgebracht. Da sind lauter weibliche Genitalien drin. Manche sehen aus wie Blumen. Wir reichen das Buch reihum, mehr oder weniger interessiert.

»Welche Erfahrungen«, fragt Chris gleich zu Anfang, »habt ihr mit dem Brief gemacht?« Peinliches Schweigen. Ja, konzipiert haben ihn mehrere, in Gedanken. Aber so richtig schriftlich ... »Doch«, sagt Elena, unsere Hochschwangere, in das Schweigen hinein, »ich hab's gemacht, ich hab' ihn geschrieben. Zwei Seiten lang.« Sie hat den Brief immer bei sich in der Handtasche. Kurz vor der Geburt, wird sie uns später erzählen, hat sie ihn dann zerrissen. Sie hatte Angst: »Plötzlich kommt das Kind, und irgend jemand muß wissen, wer ich bin. Wenn der dann den Brief findet, denkt er, die ist ja verrückt, schreibt an ihre Scheide!« Sie wollte »ja nicht in der Nervenheilanstalt landen, sondern auf der Geburtenstation«.

Chris bemängelt unser spärliches Engagement. Sie erwartet mehr Energie, mehr Aktivität von unserer Seite, »damit ich nicht immer nur an euch hinrede«. »Entweder«, macht sie uns klar, »wollt ihr es so lassen, wie es jetzt ist. Okay. Oder ihr wollt es nicht. Schenken kann ich es euch nicht. Ihr könnt nicht etwas wollen, aber nichts dafür tun.« Es gefällt ihr nicht, wie es im Augenblick ist: »Ich rede hier, und ihr sitzt da und schaut das alles an wie einen Film. Ich bin nur so etwas wie ein Handwerker, der zeigt, wie es gehen kann. Machen müßt ihr das selber.« Alle nicken, das leuchtet jeder ein. Aber die Angst vor dem Experimentieren, vor der Veränderung ist auch da. Lähmend.

»Ihr könnt ja, wenn nötig, auch die Umgebung ändern«, schlägt Chris vor, »das Schlafzimmer zum Beispiel. In den normalen stinkbiederen Schlafzimmern, wo es eiskalt ist und vielleicht noch die Jungfrau Maria über dem Ehebett hängt, hat es die Erotik schwer. Sucht euch zwischendurch mal schönere Plätze, geht auch mal zusammen weg von daheim, weg von den Kindern und dem Sauerkrautmief. Wenn's irgendwie geht, mietet euch mal eine Nacht ein Hotelzimmer zusammen, wo die tausend Hinweisreize wie ungebügelte Wäsche, schmutziges Geschirr, Kindergeschrei eben nicht da sind. Wo ihr ein anderes Selbstgefühl habt. Macht was. Setzt euch nicht nur hin und jammert vor euch hin.«

Lexi kann eine Erfolgsmeldung bringen. Sie hat am Morgen nach dem letzten Kurstag eine Arbeitsstelle gefunden. Sie ging heim und sagte zu ihrem Mann, ab übermorgen bin ich wieder berufstätig. Er hat geschluckt und ja gesagt. Weil das so gut geklappt hat, ist sie gleich noch einen Schritt weiter gegangen. »Jetzt wechseln wir uns am Morgen ab«, hat sie zu ihrem

Mann gesagt. »Jetzt les' ich mal die Zeitung und du machst das Frühstück.« Da war er dann aber doch sauer.

Heute lernen wir etwas für unsere zu kurz gekommenen Bedürfnisse. Die Meister-Sklaven-Übung. Die muß man daheim mit dem Partner üben. Die geht so: Eine halbe Stunde darf der eine alle Wünsche sagen und der andere erfüllt sie. Dann Rollenwechsel. Ziel: lernen, zu genießen und Genuß zu bereiten. Die Befriedigung der eigenen Wünsche liegt bei vielen ziemlich im argen. Schwierigkeiten, sich gehen zu lassen, haben die meisten. »Es wäre doch nur natürlich, zu stöhnen, zu keuchen, zu schreien, wenn einem danach zumute ist«, sagt Regine. »Aber das muß man brutal erst wieder lernen. Da hat man viel zuviel unterdrücken müssen. Nicht einmal bei der Entbindung durfte ich schreien im Krankenhaus.«

Der Kurs stärkt sie. Obwohl sie auch ihre Schwierigkeiten damit hat. Jeden Dienstag, sagt sie, sei sie muffig und gereizt, möge nicht hingehen. Manchmal wird es ihr zu intim, manchmal zu geschwätzig, manchmal zu zäh. Aber dann, wenn sie da ist, wenn sie mittendrin sitzt und merkt, wie sich die anderen langsam öffnen, voller Vertrauen, und ihre Angst überwinden und wie sie sich selber dabei öffnet – dann, sagt Regine, wolle sie immer gar nicht mehr weg. Den anderen geht es ähnlich. Die offene, warmherzige Art, mit der sich Chris mit all ihren Problemen auseinandersetzt, tut ihnen gut. Auch wenn sie ihnen dabei manchmal »auf die Füße treten« muß.

Wir sprechen über die Angst vor dem Mißerfolg im Bett. Katharina sagt: »Es ist wie eine Leiter nach oben, und da bin ich drauf. Und auf der Hälfte oder im oberen Drittel ist plötzlich Schluß. Ich sag' ihm das. Und er sagt dann auch okay. Dann hab' ich Schuldgefühle und denk', jetzt hast du es mal wieder vermasselt. Man will dem Mann doch auch nicht weh tun. Man liebt ihn ja.« Mehrere nicken. Auch sie haben Schuldgefühle, haben diesen dumpfen Druck im Bauch, wenn sie nicht so mitkönnen, sich das aber nicht zu sagen trauen. Eine sagt: »Es tut mir dann auch für ihn leid. Aber man ist ja keine Lustmaschine.« Die neben ihr sagt: »Mein Mann meint, daß ich Druck auf ihn ausüben will, wenn ich nein sage. Da hab' ich dann Angst davor, das durchzuziehen. Manchmal reagiert er ganz tolerant, manchmal ist er stockbeleidigt. Und einmal, da hat er mir eine runtergehauen.« Fassungslos schauen ein paar andere sie an: Was hat er? Ein paar halten den Kopf gesenkt, sagen gar nichts. Einer kommen die Tränen. Das ist ihr nicht fremd.

Aber woher nur kommt diese Unlust im Bett? Warum gerade bei der und der und bei einer anderen nicht? Zweiundsiebzig Prozent der Frauen, so ergab eine Untersuchung, haben keine Lust zum Sex wegen zuviel Streß im Alltag. Mit kleinen Kindern, darin sind sich alle in der Runde einig, ist es mit der Bereitschaft und der Lust an der Sexualität besonders schwierig: »Da geht viel verloren, den ganzen Tag Kindergeschrei um sich, niemanden, mit dem man wirklich reden kann. Und die Kontakte und Anreize, die man vorher als Berufstätige hatte, fehlen einem auch immer mehr.« Da wird man leicht verbittert und verbiestert, nimmt es dem Mann übel, wenn der »von draußen« heimkommt und dann auch noch was von einem will, wenn einem doch schon das Kind von morgens bis abends am Rockzipfel hängt. Es geht alles zu übergangslos, ohne Verschnaufpause. Ins Theater, ins Kino oder schön essen zu gehen, das ist für die meisten nur selten drin. »Das liegt aber auch oft an einem selber«, räumt Regine ein. »Man rafft sich nicht dazu auf.« Und der Mann, der macht es von sich aus meistens auch nicht, »der telefoniert nicht rum nach einem Babysitter. Der ist froh, wenn er abends daheim ist.«

Wir machen wieder eine Übung, um unser Selbstbewußtsein zu stärken. Wir rennen im Kreis herum, stoßen dabei die Ellbogen nach hinten und sagen entschlossen: »Ich, ich, ich!« Ich komme mir ziemlich albern dabei vor, die anderen, glaube ich, auch. Wir machen es trotzdem. Hinterher stehen wir alle im Kreis und müssen uns gegenseitig Komplimente machen. Jede denkt nach, bevor sie etwas sagt, nur so dahinreden geht nicht. Es fallen Sätze wie: Ich finde gut an dir, daß du den Mut zur Offenheit hast ... daß du dich traust, zu sagen, was du nicht kannst ... ich finde, daß du erotisch wirkst ... ich finde, daß du liebevoll wirkst und ernsthaft ... ich finde es schön an dir, daß man deine Gefühle vom Gesicht ablesen kann ... ich finde dich schön, so wie du möchte ich auch aussehen ... und und und. Wir genieren uns dabei, aber es tut auch gut.

Ein »Gebet« lernen wir auch. Es heißt: »Ich bin ich, und du bist du. Ich bin nicht auf dieser Welt, um deine Erwartungen zu erfüllen. Du bist nicht auf dieser Welt, um meine Erwartungen zu erfüllen. Ich bin ich, und du bist du. Und wenn wir zwei zusammenkommen, ist es wunderbar. Wenn wir aber nicht zusammenkommen, dann ist es auch in Ordnung.«

Zur Übung Selbstsicherheit gehört auch noch, daß jede in die Mitte geht und sagt, was sie an sich selber gut findet. Es läuft zäh an, keiner traut sich so recht, sich selber zu loben. Am Schluß kommen doch ganz wichtige Sätze zusammen:

- Ich finde es gut an mir, daß ich alles unter einen Hut bringe: Mann, Haushalt, Kinder und Beruf.
- Ich finde es toll, daß ich zu meinen Fehlern auch stehen kann.
- Ich finde es toll an mir, daß ich den Mut gefunden habe, in so eine Gruppe zu gehen.
- Ich finde es gut, daß ich tolerant bin.
- Ich finde es gut, daß ich eigentlich gut zuhören und mich in andere hineinfühlen kann.
- Ich finde es gut, daß ich mich jetzt für diesen Kurs zum ersten Mal von daheim frei mache und Mann und Kind einmal vergesse.
- Ich finde es gut, daß ich mir bewußt gemacht habe, daß irgendwas nicht stimmt und daß ich das ändern will.
- Ich finde es gut an mir, daß meine Empfindlichkeit kleiner und meine Feinfühligkeit größer geworden ist.
- Ich finde es gut an mir, daß ich gerne eine Frau bin.

Wir sind die Runde durch. Nur Luise hat noch nichts gesagt. Wir wollen sie nicht drängen, aber irgendwie schauen sie alle doch an. Luise geht erst gar nicht in die Mitte. Sie sitzt nur da, stumm wie immer, den Kopf etwas gesenkt, und schaut auf ihre Hände. Dann sagt sie: »Mir fällt nichts ein.« Das klingt so trostlos, daß keine wagt, diesen Satz mit einer Handbewegung wegzufegen, zu sagen: Ach, los, Luise, sag halt was.

Als Hausaufgabe sollen alle bis zum nächsten Mal einen Brief schreiben, der nicht abgeschickt und der auch nie den anderen vorgelesen werden muß. Er ist nur für einen selber. Ein Brief an den Partner, über Liebe, Haß, Freude, Ärger, Verzweiflung. Drei Punkte sollen auf jeden Fall reinkommen: Ich danke dir für, ich mag an dir / mir stinkt an dir, mich ärgert an dir / was ich dir noch nie sagen konnte.

»Das bringt innerlich eine Reinigung der Wunden«, sagt Chris. »Weggehen und beleidigt sein, wenn es Schwierigkeiten gibt, ist keine Nähe.«

Wir sind schon auf dem Sprung nach Hause. Annemarie fragt in den Aufbruch hinein, ob es eigentlich normal sei, es mit dem Mund machen zu wollen, oder schon pervers. Die meisten protestieren eifrig, das ist doch nicht pervers. Das ist total normal, das liest man ja auch immer. Annemarie schaut skeptisch in die Runde. Annemarie, unsere Frustrierte, immer Geforderte. Annemarie, die alles direkt ausspricht, auf den Punkt bringt. Wir sind darüber oft voll Erstaunen, Bewunderung. Wenn Annemarie nicht hier wäre – sie ist bestimmt genauso wichtig wie Ysabel, die es schon geschafft hat. Das kommt schon auch noch bei dir, sagt Ysabel zu Annemarie. Die mag es nicht glauben. Schließlich hat der Tip mit der Dusche statt des Vibrators auch nicht geklappt. Sie hat es über eine halbe Stunde lang versucht. Am Ende war die ganze Haut aufgeweicht. Gefroren hat sie auch. Aber einen Orgasmus hatte sie nicht.

Chris macht den Vorschlag: keine Sexualkontakte während des Kurses. Das macht man im allgemeinen so bei Sexualtherapien. In den folgenden Kursen will sie das auch gleich von Anfang an einführen. Elena ist nicht wohl bei dem Gedanken, so weit will sie nicht gehen. Das wollen die meisten nicht. Und wie sollten sie das ihren Männern beibringen?

Luise ist heute nicht gekommen. Sie hat auch niemanden angerufen. Das ist sonst üblich, wenn eine mal nicht kann. Wir haben längst eine Telefonliste gemacht. Katharina hat jeder zwei selbstgebackene Figuren mitgebracht, für jede einen Mann und eine Frau. Eine lachende Frau, einen lachenden Mann. Es ist der letzte Dienstag vor Weihnachten.

Wir reden darüber, wie eng unser Familienleben mit unserer Sexualität verbunden ist. Daß wir das eine nicht ohne das andere ändern können. Zur Stärkung unseres Ichs schieben wir uns, im Kreis aufgestellt, mehr oder weniger energisch gegenseitig weg. Das geht jetzt schon besser als das letzte Mal, als jede sich am liebsten gleich bei den anderen entschuldigt hätte.

Diesmal haben die meisten die Hausaufgaben gemacht, auch noch die vom letzten oder vorletzten Mal, außer dem Brief an die Genitalien. Der Appell von Chris hat offensichtlich etwas genützt. Er hat nicht nur beschämt, sondern auch motiviert. Es geht vorwärts.

Chris erklärt die Bedeutung sexueller Phantasien. Sie will wissen, ob es irgendwelche Hintergrundphantasien gebe, die uns anmachen, die uns helfen könnten. »Was geht bei euch im Kopf vor, wenn ihr miteinander im Bett seid?« Wieder mal Schweigen. Chris schaut jede einzelne an, wir schauen uns gegenseitig an – sagt denn keine was? Das ist doch gar nicht so schwer, und wenn wir einfach was erfinden. Schließlich haben wir alle die tollen sexuellen Phantasien der Frauen im Hite-Report gelesen. Warum sind wir nicht so ergiebig?

Barbara gibt sich einen Ruck, will was sagen. Wir sind hoch erfreut, daß endlich eine den Anfang macht. Da können wir uns eventuell daran orientieren. »Ich denk' dabei oft daran, was noch zu erledigen ist«, sagt Barbara. »Ans Haushaltsgeld, ans Einkaufen, an den Elternabend in der Schule.« Katharina und Lexi nicken, es geht ihnen ähnlich. Annemarie horcht vom Schlafzimmer aus, ob die Kinder schlafen oder etwa noch herumgeistern und jederzeit hereinplatzen können. Ina denkt daran, welche Kundin morgen mit welchen Wünschen zu ihr kommt. »Wenn es geht«, rät Chris, »setzt euch vorher in einen Grübelsessel, denkt nach und schreibt auf, was ihr alles erledigen müßt. Damit ihr den Kopf nachher davon frei habt.«

Ina hat derzeit keine großen Schwierigkeiten mit ihrem Liebesleben. Sie ist wieder mit ihrem Freund zusammen. Die chinesischen oder japanischen Kugeln haben sie aber noch immer nicht ausprobiert. Sie wirkt weich und locker, ist sehr apart mit ihrem großen Mund, den auffallenden Augen. Sie hat eine starke Ausstrahlung. Gestern abend, sagt sie, sei es sehr schön gewesen. Sie war sehr erregt, und trotzdem hat sie zwischendurch an dieses und jenes gedacht, konnte nicht wirklich abschalten, nicht wirklich genießen. Regine geht es ähnlich, immer schiebt sich ihre Facharbeit dazwischen, über der sie gerade sitzt. Die Facharbeit ist zum Problem für sie geworden, seit ihre Mutter krank ist. Die Mutter hat ihr immer wieder die zweijährigen Zwillingsbuben für ein paar Stunden abgenommen. Jetzt hat sie niemanden. Einen Babysitter können sie sich nicht leisten.

Mal ein bißchen Alkohol, rät Chris, ist zur Lockerung ganz gut. Leberwurstgeschmack im Mund vom Abendessen ist nicht so anregend. Sie schlägt ein Glas Sekt vor, einen Whisky, nicht unbedingt Bier. Obwohl Biergeruch vielleicht nicht ganz so liebestötend wirkt wie Zahnpasta. Aber wie gesagt, Leberwurst geht gar nicht: »Leberwurstgeruch ist gleich wieder verbunden mit Haushalt, Essenmachen, Verpflichtungen, ein Whisky, ein Martini eher mit Freizeit und Genuß.«

Wenn sie träumen könnte, sagt Annemarie, würde sie am liebsten von einem schicken Hotelzimmer träumen, von einer Sonnenbank zu zweit: »Da hätte ich keinen Kamillentee um mich oder Nasentropfen und nebenan ein hustendes oder schniefendes Kind.« Aber bei ihrem Sinn für Realität kommen ihr solche Träume nicht. Bei Lexi muß es im Traum auch warm sein, ganz, ganz warm. Sie friert immer bei der Liebe und kann deshalb in vorauseilender Einschätzung der Lage oft von vornherein nicht. »Das Frieren«, sagt Lexi, »das ist bei mir vielleicht auch eine Ausrede. Ich bin das halbe Jahr erkältet und sag' dann immer, deshalb kann ich nicht.«

»Stimulation«, sagt Chris, »kann manchmal auch sein, wenn die vage Gefahr besteht, daß man entdeckt wird; diese heimliche Angst kann sehr erregend sein.« Bei Regine war das einmal in einem Weinberg so. »Und dann das Miteinander-Streiten«, fügt Chris hinzu, »das schafft oft auch Intimität.« Erregung durch Ärger. Andrea liebt so etwas. Ihr Freund nicht.

Lexi hat einmal fast einen Seitensprung gemacht. Sie war damals ohne ihren Mann im Urlaub. Im Süden. Sie wohnte im Hotel, ging schön aus, tanzte, flirtete heftig mit einem fremden Mann. Ein paar Tage lang. Als sie merkte, »er wollte was von mir«, war sie sofort zu, ging »nichts wie fluchtartig zurück ins Hotel«, ließ sich nicht mehr blicken.

Aber geträumt hat sie noch ein halbes Jahr von der Musik, vom Tanzen, vom Flirt. Die Erinnerung daran hat sie stimuliert. In ihrer Ehe ging es danach eine Zeitlang im Bett so gut wie nie zuvor.

Heute ist der Tag der sexuellen Phantasien: »Schließt die Augen und stellt euch irgendeine Situation vor, die euch gefällt, die euch anmacht, die ihr erlebt habt oder erleben könntet«, suggeriert Chris.

Zehn Frauen liegen da, schließen die Augen und hoffen auf eine sexuelle Phantasie. Die meisten sind ziemlich abgespannt hierhergekommen, haben vorher ihre Familien versorgt, die Kinder in den Kindergarten oder in die Schule gebracht und unterwegs noch schnell das Nötigste eingekauft. Die S-Bahn hatte Verspätung, es war eine einzige Hetze. Und jetzt sollen sie von einem Augenblick zum anderen sexuelle Phantasien haben. Vormittags kurz nach neun. Wie macht man das? Und wenn man diese Phantasie wirklich haben sollte, mag man sie den anderen mitteilen?

»Also mein einziger sexueller Traum, den ich jemals hatte«, macht Annemarie tapfer den Anfang, »war, daß ich mit meinem Mann geschlafen hab'. Sonst hab' ich noch nie einen sexuellen Traum gehabt.« Regine denkt wieder an den Weinberg, aber der ist als Beispiel jetzt schon etwas abgegriffen. Chris versucht Richtungshinweise und schlägt ein paar Situationsbeispiele vor: im Fahrstuhl eines zwölfstöckigen Hauses bei jedem Halt Liebe mit einem anderen. Oder einen jungen Mann einführen in die Kunst des Liebens. Oder einen Fremden im Zug verführen, zwischen zwei Stationen, wortlos. Oder die Vorstellung, mit zwei Männern gleichzeitig zu schlafen. Oder mit einer anderen Frau dabei. Oder sich nackt in einer Menge von Leuten zu bewegen.

Das mit diesen ganzen aufregenden Vorstellungen wollen wir gerne versuchen. »Und experimentiert zu Hause mal mit eurem Atem dabei«, rät Chris, »stöhnt, zieht die Muskeln zusammen, laßt sie wieder los wie bei der Kegelübung.«

Dann liegen wir auf dem Boden, hören Musik, warten auf die Eingebung einer uns lustvoll erscheinenden Situation. Es ist sehr still im Raum, nur Cat Stevens singt. Wir atmen leise. Schnarcht da etwa jemand? Es entspannt, tut gut, dazuliegen und nichts denken zu müssen. Aber das stimmt ja gar nicht. Den Luxus des Fallenlassens können wir uns nicht leisten. Wir müssen uns eine erotische Situation einfallen lassen.

Die Psychologin sagt leise, eintönig: »Stell dir vielleicht vor, du liegst auf einem Bett mit schwarzer Seide. Oder auf Wolfsfellen vor einem prasselnden Kamin. Oder unter Palmen am Meer ...« Regine irrt wieder in den

Weinberg ab, Lexi sucht sich einen knisternden Kamin. Barbara denkt daran, wie sie sich einmal eine sündige schwarze Unterwäsche gekauft hat und ihren Mann damit überraschte.

Auch Annemarie hat sich gerade in irgendeiner Phantasie eingerichtet. Irgendwo in einem Ferienland in der Sonne. Da reißt Chris sie aus allen Träumen. Chris ist gerade mit ihrem suggestiven Murmeln bei einem schönen leeren Strand angekommen: »Oder du stellst dir vor, du liegst im warmen Sand ...«

Annemarie ist mit einem Mal hellwach. Sie richtet sich auf. »Das mit dem Sand«, sagt sie hinterher vorwurfsvoll zu Chris, »hätten Sie nicht sagen dürfen.« Sie ist vor lauter Empörung unbewußt vom vertrauten Du ins distanzierte Sie zurückgefallen. Bei dem Wort »Sand« ist ihr alles vergangen. Da fiel ihr sofort einer ihrer Italienurlaube ein. Nur Bilder von Kinderpopos voller Sand, die sie ständig putzen mußte. Und überall rieselte trotzdem immerzu noch Sand heraus. Es war ihr schon bei der Suggestion »Meer« nicht so wohl gewesen, irgendeinc blöde Erinnerung an einen Griechenlandurlaub, bei dem sie pausenlos ihre ständig tropfnassen Kinder umziehen mußte, hatte sie gestört. Sie überwand die Assoziation, flüchtete in Gedanken nach Jugoslawien. Das war ein besserer Urlaub gewesen. Gerade war sie wieder beim Entspannen, beim Träumen: »Und da kommen Sie mit diesem blöden Sand daher!«

Luise ist heute wieder nicht gekommen. Nach dem Kurs rufe ich bei ihr zu Hause an. Eines ihrer Kinder ist am Telefon, die Mama ist nicht da, schon lange nicht. Dann kommt ihr Mann. Luise habe eine schwere Psychose, sagt er, sie sei in einer Nervenklinik. Aber der Arzt habe gesagt, nächste oder übernächste Woche dürfe sie wieder heim. Nein, wir sollten Luise nicht besuchen. Besuch rege sie nur auf. Sie rede nicht gerne. Ja, das haben wir auch gemerkt. Luise hat bei den ganzen Treffen nie etwas gesagt, außer bei der Vorstellung. Damals, am ersten Tag, hat sie gesagt, wie sie heiße und daß sie zwei Kinder habe. Mehr haben wir nie von ihr erfahren. Sie saß nur da, den Kopf fast immer gesenkt, die großen, schweren Hände vor sich auf den Knien. Wir haben oft gedacht, die Luise sieht aus, als habe sie ein schweres Leben. Aber sie hat nie von sich gesprochen. Wir haben von unseren Männern erzählt, unseren Freunden, unseren Berufen, unseren gehabten oder nicht gehabten Orgasmen. Luise hat uns nicht einmal gesagt, wie alt ihre Kinder sind. Sie war immer so still, so ohne Leben. Was hat sie wohl dazu bewogen, in diesen Kurs zu kommen, schweigend teilzunehmen? Wir haben Luise nicht wiedergesehen.

Diesmal stehen Entspannungsübungen auf dem Programm und die Besprechung des Saunabesuchs. Der gehört auch zum Kurs.

Viele Frauen, sagt Chris, bringen ziemlich viel Energie dafür auf, Sex wegzuschieben, hinter Schloß und Riegel zu verbannen. Deshalb dauere es natürlich auch seine Zeit, das wieder freizulegen. Was sie sagt, ist ein Hoffnungsschimmer, insbesondere für Katharina und Annemarie. Für Katharina, die »immer den Deckel drauftat, sobald sich im Topf was rührte«, für Annemarie, der von Kindheit an eingebleut worden war, daß Fleischeslust Sünde sei. »Da ist soviel vergraben, soviel zugedeckt worden bei uns«, sagen beide. »Bis das wieder hochkommt ...« – »Euer Körper«, sagt Chris zu ihnen, »ist wie jeder andere. Ihr merkt es nur nicht, noch nicht. Deshalb seid ihr ja auch hergekommen. Aber«, fügt sie noch einmal eindringlich hinzu, »ohne Übung, ohne wirkliche Entschlossenheit, geht nichts.«

Dann wieder die unvermeidliche Frage: Wer kann etwas über die Hausaufgaben sagen? Die Aufgabe war: Onanieren.

Wieder einmal die unvermeidliche Stille. Alle sitzen da, auf ihren harten Volkshochschulstühlen, die Beine übereinandergeschlagen. Oder im Schneidersitz auf dem Boden. Wir schauen angelegentlich vor uns hin, ohne Blickkontakt zu Chris, als könnten wir uns damit wegstehlen. Nein, kaum eine hat die Hausaufgaben gemacht. Himmel, was ist das für ein Kurs. Chris hat schon andere, bessere gehabt. Mittendrin in München, mit lauter Frauen, die auch mittendrin leben. Die sind ganz anders, die machen richtig mit. Mit denen hier draußen läuft das ja alles mehr als mühsam. Die Kursfrauen in der Stadt treffen sich immer am Abend, gehen hinterher noch miteinander auf einen Wein, haben Zeit. Um die Zeit schlafen ihre Kinder längst, man muß nicht mit Minuten geizen. Diese Dienstagvormittage hier sind viel, viel schwieriger. Sexuelle Träume vormittags von 9 bis 10.30 Uhr, so auf die schnelle, zwischen Windeln und Kochtopf.

Auf jeden Fall ist Chris heute ziemlich unzufrieden. Diese Frauen von Kurs ES 105 geben zuwenig von sich her, machen zuwenig mit. Deshalb sind sie ja hergekommen, weil sie es nicht können. Chris weiß das, natürlich. Aber rausreißen muß sie sie trotzdem. Das gelingt ihr auch immer wieder. Also noch einmal das Thema Onanie. Frauen, die früh schon onaniert haben, kommen später dreimal so häufig zum Orgasmus wie die anderen. Das ist statistisch erwiesen. Das Onanieren, sagt Chris noch einmal, habe große Vorteile. Man spüre keinen Leistungsdruck, man müsse nicht unbedingt sofort funktionieren. Und man sei allein und unbeobachtet: »Wer das bei sich selber gelernt hat, weiß, was er braucht und kann das auch dem Partner vermitteln: einen halben Zentimeter weiter rechts oder weiter links, etwas fester oder etwas zarter, bitte ...« Noch ganz wichtig, sagt Chris, sei folgendes: »Wenn wir allein sind, ist es völlig wurscht, ob wir dabei stöhnen oder keuchen. Und es ist egal, wie wir dabei aussehen. Es sieht und hört uns ja niemand. Mit dem Partner zusammen ist das vielen nicht egal. Da schämen sich viele Frauen, nehmen sich zusammen, nehmen sich ganz zurück. Das ist lustfeindlich.« Das leuchtet uns ein.

Barbara redet über ihre Töchter, andere reden mit. Den Töchtern, den wollen sie mehr geben als das, was man ihnen selbst mitgegeben hat. Barbara, Lexi, Ysabel, Katharina, Ina, die sind alle ja nicht nur als Frauen da. Sie sind ja auch und oft vor allem Mütter. Mütter, die es einmal besser machen wollen. In dem Kurs hier sind manche erst draufgekommen, »daß Onanieren nicht nur nicht schlecht ist, sondern sogar gut«. »Das ist doch eigentlich erschütternd«, sagt Andrea, unsere Rubens-Schönheit, die neuerdings auch einen Bauchtanzkurs besucht. Erschütternd in einem Zeitalter der totalen Aufklärung, der unentwegten Sexualreports. Wer wird bei so etwas eigentlich gefragt, will Ina wissen. Alle zucken mit den Schultern. Sie jedenfalls hat noch nie jemand repräsentativ um ihre Meinung gefragt, das lief alles immer an ihnen vorbei.

Annemarie hat heute warme gefütterte Pantoffeln an, eine Art Hüttenschuhe. Sie geht mit ihrem Mann bald Ski laufen, ohne Kinder. Oder jedenfalls wenigstens ohne den Jüngsten. Elena wartet täglich auf ihr Kind, es soll ein Kaiserschnitt werden. Daniela ist auch wieder da nach ihrem schweren Autounfall. Es geht ihr noch nicht gut. Sie hat immerzu Kopfweh, alles am Körper tut weh. Sie ist blaß und müde. Aber sie hätte tot sein können. Der andere kam von der Seite, direkt in sie hinein. Die Feuerwehr mußte sie aus dem Wagen herausschweißen.

Ysabel, die Spanierin, sagt: »Ich finde es toll, mit euch zu reden. Ich bin hergekommen, weil ich mir gesagt hab', du hast so viel gelernt in den letzten zehn Jahren, lern noch mehr. Ich bin heute, im Vergleich dazu, als ich vierzig war, viel lockerer, der Geist ist so klar. Ich fühl' mich einfach besser. Ich hab' viel Kopfweh gehabt früher. Und jetzt ist einfach Freude am Leben da. Dazu muß man aber viel an sich arbeiten.«

Ina hatte früher beim Onanieren immer »arge Krämpfe«, auch manchmal beim Geschlechtsverkehr. Es waren schlimme Jahre, seelisch und körperlich. Sie mußte öfter operiert werden. Erst mit einem anderen Partner hat Sexualität ihr wieder Spaß gemacht, sind die Krämpfe und das Kranksein weggeblieben.

Die letzte halbe Stunde erschöpfen wir uns in Diskussionen darüber, wann wir in die Sauna gehen, das müssen wir ja. Wann und in welche Sauna, ob man da im Pulk hingeht oder einzeln, ob man vorher noch ausführlich darüber spricht oder hinterher. Ein paar waren noch nie in einer Sauna, ein paar noch nie in einer gemischten. Ein paar gehen so selbstverständlich hin wie in den Kindergarten. Es soll eine gemischte Sauna sein, gerade das soll ja geübt werden, die selbstverständliche Nacktheit nicht nur mit anderen Frauen. Auch mit irgendwelchen anderen Männern, mit Fremden.

Die Vorbereitung erweist sich als äußerst schwierig. Eher kriegt man den Papst zu einem Interview als elf Frauen gemeinsam an einem bestimmten Abend in eine bestimmte Sauna. Die eine spürt einen Schnupfen kommen, die andere kann vielleicht, würde aber lieber nicht können, weil sie die Pille vorzeitig absetzen will, um ihre Tage nicht im Skiurlaub zu bekommen, sondern lieber vorher, also dann, wenn sie in die Sauna soll. »Im Skiurlaub wäre es Mist«, sagt Annemarie, »weil es da, falls kein Schnee da ist, ein Hotelschwimmbad gibt, und dann könnte ich nicht schwimmen.« Der Hinweis auf die Benutzung eines Tampons stößt auf taube Ohren. Nein, sie will ihre Tage da nicht haben. Wegen des Schwimmbads. Nicht wegen ihres Mannes. Der will ja sowieso viel zu oft. So gesehen wäre das ja im Skiurlaub auch wieder nicht schlecht.

Dann diskutieren wir noch darüber, wer mit wem geht und in welche Sauna. Ob wir uns besser woanders treffen oder vor dem Eingang aufeinander warten. Als alles geklärt scheint – am nächsten Montag, 19.30 Uhr in der Westendstraße –, fällt jemandem noch eine Frage ein. Ob dieser Saunabesuch überhaupt sein müsse oder ob man den nicht einfach bleibenlassen könne. Wir fangen wieder von vorne an.

Es bleiben noch zehn Minuten für Wesentliches. Chris, die sich aus allem herausgehalten hat, denn der Saunabesuch muß von uns selber organisiert und durchgeführt werden, holt ihre Unterlagen hervor. Das und das wollte sie heute noch sagen. Ganz schnell, damit pünktlich Schluß ist. Sie muß zur nächsten Sitzung, Katharina muß zur Schule, Elena zum Kindergarten, Ysabel zum Friseur. Mehr als die Diskussion über Onanieren und Sauna haben wir heute nicht geschafft.

Wir gehen nach Hause, unbefriedigt, etwas ratlos auch. Es läuft nicht so recht. Das Klassenziel ist noch nicht erreicht, das Schuljahr bald zu Ende. Theoretisch wissen diese Frauen viel mehr, als Frauen vor zehn, fünfzehn Jahren wußten. Aber das Umsetzen, sagt Katharina, das Umsetzen ist schwer.

Wir sind in der Sauna. Zu siebt. Die anderen sind nicht gekommen. Diejenigen, die noch nie »in so etwas« waren, schließen sich eng an die Routinierten an. Eigentlich bräuchten wir eine Sauna für uns allein, so, wie wir auftreten, im Pulk. Aber das wäre ja nicht der Sinn der Sache.

Glücklicherweise ist es ein Fußballabend. Es sind nur wenige Leute hier, Männer sowieso kaum. Es hätten neben uns auch kaum noch welche Platz. In das angrenzende Schwimmbad draußen, acht Stockwerke über der Stadt, wagen sich im nackten Zustand nur wenige. Nackt herumsitzen, das geht ja noch, aber auch noch schwimmen! Die geübten Saunagänger schwimmen ihre Bahnen, die anderen wandeln, in Badetücher gehüllt, unter künstlichen Palmen dahin.

Eigentlich, sagen sie hinterher, war es gar nicht so schlimm. Vielleicht werden sie es bald noch einmal machen.

»Wer war noch nie in einem Pornoladen?« will Chris wissen. Noch viele nicht. Aber das wird sich bald ändern. Nächsten Dienstag gehen wir gemeinsam in einen Sexshop. Auch das gehört zum Programm. Manche wollen sich eventuell dort einen Vibrator zulegen. Barbara ist skeptisch, »irgendwie kommt mir so was zu technisch vor«. Regine hat das Gefühl, »ich bring' das nicht, ich möcht' den nicht einfach deshalb kaufen, weil die anderen das tun«. »Ausprobieren«, rät Chris, »und dann kann man ihn ja wieder wegtun. Aber nicht immer gleich von vornherein alles Neue, Fremde wegschieben. Meine Kinder essen zum Beispiel nichts, was sie nicht auswendig kennen. Das ist fürchterlich.«

Und wie steht's mit dem Orgasmus? Vier hatten immer noch keinen.

Wir reden über unsere Männer zu Hause. Nein, kein Scherbengericht. Elenas Mann ist froh, daß sie den Kurs macht, der von Annemarie sowieso. Ina hat jedesmal Krach mit ihrem Freund – zweimal: vorher und nachher. Ihr Freund kann es nicht leiden. Wahrscheinlich stellt er sich diesen Volkshochschulraum als Hexenküche vor, in der die Männer verteufelt, verheizt, verschlungen werden. Regines Mann dagegen kann immer nicht schnell genug erfahren, was in der jeweiligen Stunde besprochen wurde, es interessiert ihn. Barbaras Mann betrachtet die Initiative seiner Frau mit Wohlwollen. Ysabels Mann hat seine Frau gefragt, weshalb sie in den Kurs gehe, sie sei doch schon so lange verheiratet und habe große Kinder. »Damit ich vielleicht noch was lernen kann«, hat sie gesagt. Wir lachen. »Ja«, fügt sie energisch hinzu, »einen Vibrator hol' ich mir auch noch. Und das weiß mein Mann auch.« Sie hat auch aus ihrem Schlafzimmer die Betten der Schwiegereltern, in denen sie seit der Hochzeit geschlafen haben, hinausgeschmissen: »Mein Mann hat gesagt, warum machst du das, die Matratzen sind doch noch gut.« Aber sie hat sie nicht mehr haben wollen, durchgelegen seit zwei Generationen und mit einer Besucherritze in der Mitte. Jetzt haben sie ein blaues französisches Bett. Und blaue Vorhänge, eine Palme und einen Spiegel über dem Bett statt Jesus am See Genezareth.

Für die Männer daheim, das ist jeder klar, ist die Tatsache, daß ihre Frauen an diesem Kurs teilnehmen, nicht so einfach. Sie können das Ergebnis nur abwarten, kommen sich von dieser Volkshochschul-Weiberrunde bestimmt auch ziemlich ausgezogen vor. Gut, daß wir keine gesellschaftlichen Kontakte miteinander haben. Es würde Annemaries Mann bestimmt nicht (oder vielleicht doch?) erfreuen, zehn, elf Frauen zu begegnen, die ihn alle abschätzend mustern: Der also ist so potent. Einmal hat ein Mann seine Frau abgeholt. Er saß draußen im Vorraum, den Hut zwischen den Knien hin und her wippend. Wir gingen an ihm vorbei, mit gezieltem Seitenblick. Wir wußten genau, wer er war (und wie). Seine Frau hatte zuvor beiläufig erwähnt, sie müsse heute anschließend noch irgendwohin, ihr Mann hole sie ab.

Männer, sagt Chris, hätten auch ihre Schwierigkeiten. Vor allem Schwierigkeiten, sich »ganzheitlich einzubringen«. Auch sie sind »von Kindheit an geprägt, eingeengt worden: das und das darf man nicht als Mann. Schmusen, einfach nur so, haben die wenigsten erfahren, geschweige denn gelernt. So sind sie halt geblieben. Zärtlichkeiten mit einer Frau auszutauschen und dabei nicht gleich an Sexualität zu denken ist bei vielen nicht drin«, sagt Chris. Die Zärtlichkeiten der Männer seien fast immer »zielfixiert«. Das gilt als männlicher.

Deshalb sind auch Partnerübungen so wichtig für den Kurs. Daß der andere einbezogen wird. Chris gibt uns gezielte Übungsanweisungen, aufgeteilt in mehrere Etappen. Erst streichelt man sich gegenseitig in den nichterogenen Zonen, später in den erogenen Zonen. Abwechselnd muß jeder jeweils eine halbe Stunde lang Geber und Nehmer sein. Einschränkung: Geschlechtsverkehr ist verboten, Orgasmus ist verboten. Nur einfach Wärme, Zärtlichkeit vermitteln und empfangen. »Zärtlichkeit«, sagt Chris, »ist wahnsinnig wichtig, kleine Kinder gehen drauf ohne Hautkontakt, das ist wissenschaftlich erwiesen.«

Dem ganzen Vorspiel soll dann die »sexologische Übung« folgen: sich gegenseitig anschauen und anschauen lassen, möglichst vor dem Partner onanieren, Petting mit ihm machen. Am Schluß ist dann alles erlaubt, auch Geschlechtsverkehr.

Nach jeder Übung, sagt Chris, sei es ganz wichtig darüber zu reden, ungefähr eine halbe Stunde lang. Das sei die Hauptübung. »Ja, ja«, sagt Ysabel, in diesen Dingen schon erfahren, »das ist das schwerste. Dabei schlafen die Männer immer gern ein.« Eine andere nickt. Bei ihr war es einfach »super« beim letzten Mal: »Mein Mann war sofort begeistert von der Idee mit den Kerzen und dem ganzen Drumherum. Das haben wir noch nie so gemacht.« Bloß das Hinterher! Nach fünf Minuten ist er eingeschlafen. »Das war der totale Frust.«

Da ist wieder dieses blöde Stichwort Frust. Das paßt heute überhaupt zu uns. Wir sind alle nicht besonders aktiv, noch weniger als sonst. Verhaltener Unmut, Ungeduld. Haben wir wirklich geglaubt, wir würden uns pünktlich zum Kursende vom Frosch in eine Prinzessin verwandeln?

Wir haben jetzt nur noch den Sexshop vor uns und den zweiten langen Samstag. Damit ist die Zeit, die uns heute noch bleibt, ausgefüllt. Wir diskutieren wieder einmal endlos darüber, wie das sein wird, dieser Samstag von früh bis abends. Wo, wie lange, wer die Kinder von wann bis wann nimmt. Annemarie kann nicht kommen, wenn die Kinder nicht untergebracht sind, ihr Mann muß arbeiten. Katharina bietet an, Annemaries Kinder zu sich zu nehmen, zu ihren beiden. Ihrem Mann mache das Spaß, er habe sich den Tag freigehalten. Wenn das so ist, sagt Chris, würde sie ihre beiden Mädchen auch gerne noch dazutun. Katharina findet den Vorschlag gut, Annemarie zögert. Sie will wissen, wie alt die Kinder von Chris seien, wie frech oder wie wohlerzogen, was sie mögen und was nicht. Es muß passen. Wieder zehn Minuten Diskussion. Also, das mit Katharinas, Annemaries und Chris' Kindern wird wohl nicht klappen. Annemarie will es lieber nicht riskieren: Ihr Jüngster mag keine kleineren Buben und ihr Ältester nur Mädchen, die keine schlampigen Jeans haben oder schmutzige Knie. Für die Jeans könnte Chris notfalls garantieren, für die Knie nicht.

Es klopft an der Tür. Die Sekretärin der Volkshochschuldependance tritt ein, zögernd. Sie weiß ja nicht, in welcher Situation sie uns gerade antrifft. Vielleicht schwelgen wir gerade in irgendwelchen Träumen, den schönsten sexuellen Träumen, die wir je hatten. Sie erfaßt die Situation mit einem Blick. Nein, sie stört nicht. Wir sind mitten in unserem Alltag: Wohin mit den Kindern, wenn wir uns sexuell befreien wollen?

Also in die Volkshochschule jedenfalls nicht. Am Samstag gibt es grundsätzlich keine Kinderbetreuung. Da gibt es ja auch keine Schule und keinen Kindergarten. Der Chef, sagt die Sekretärin, hat nein gesagt. Es sei im Plan nicht vorgesehen. Vielleicht hätte er ja gesagt, wenn man ihn vorher gefragt hätte. Aber so auf die schnelle, ohne ihn vorher . . . nein. Die Sekretärin schaut in die Frauen- und Mütterrunde, dann zur Psychologin. »Das hat nun nichts mit Ihrer Thematik zu tun«, sagt sie, solidarisch nach beiden Seiten, mit den Frauen und dem Chef. »Man hätte ihn nur einfach vorher fragen müssen. Ihm ein bißchen um den Bart gehen müssen.« Die Frauen lächeln vor sich hin. Das kennen sie, typisch Mann. Aber vielleicht hätte man ihm ja wirklich vorher Bescheid sagen können: Wir brauchen an dem und dem Samstag jemanden, der die Kinder betreut. Das wäre doch ganz vernünftig gewesen.

Weil es bereits 10.30 Uhr ist, lassen wir die Kinderfrage offen. Die betreffenden Mütter werden das telefonisch miteinander regeln. Muß nur noch der Ort dieses langen Treffens ausgemacht werden. Jedenfalls nicht noch einmal hier; wir haben alle keine Lust auf diesen kahlen Raum, selbst wenn wir bunte Tücher, Kissen und eine Vase mit Blumen mitbrächten. Auch Chris hätte gerne eine Ausweichmöglichkeit. Sonst hat sie die langen Samstage bei sich daheim gemacht. Aber sie ist gerade mitten im Umzug. Wir einigen uns, diesmal übrigens blitzschnell, daß der lange Samstag bei mir zu Hause stattfindet.

Im Café um die Ecke treffen sich hinterher ein paar aus der Gruppe. Es hätte, sagt eine, irgendwie anders laufen müssen. Es fing so vielversprechend an. Es ist lähmend geworden. Es komme zuwenig von uns, sagt eine andere. Wir trinken und überlegen, was man hätte anders machen müssen. Und ob wir nochmals, alle zusammen, den gleichen Kurs mitmachen könnten, im Bewußtsein dessen, was zuvor falsch lief. Regine glaubt, daß »so ein Frust« irgendwann zwangsläufig kommen müsse, daß das nicht glatt und nach Plan verlaufen könne. »Wir sind ja keine Leichtathleten, bei denen jeden Tag die Latte etwas höher gesetzt wird«, sagt Ina. »Rückschläge sind drin.« Wir gehen nachdenklich auseinander.

Langer Samstag bei mir zu Hause. Draußen schneit es. Diesmal rattert kein Bagger, hämmert kein Handwerker. Stille, Gemütlichkeit. Drei sitzen auf dem Sofa, eine im Schaukelstuhl, vier in der Kaminecke, der Rest auf Polstern auf dem Boden. Elena fehlt, ihr Kind kann jeden Augenblick kommen.

Generalabrechnung, Aufarbeitung. Was haben wir gelernt, was nehmen wir mit. »Laßt euch nicht einfach nur benutzen«, sagt Chris. »Nicht aus Zuneigung, nicht aus Bequemlichkeit. Wenn ihr merkt, wenn ihr mitten in so einer Art Vorspiel merkt, daß euch irgendwas querkommt – dann redet darüber, schluckt es nicht, macht nicht einfach so weiter. Jedesmal, wenn eine etwas gegen ihren Willen tut, staut sich Ärger an, der dann irgendwann rauskommt, und zwar sehr böse. Ihr seid dann voller Gift.« Sie hämmert uns noch einmal ein: »Jede von euch ist selber dafür verantwortlich, wenn sie etwas macht oder machen laßt, was ihr nicht gefällt.«

Davon sind alle betroffen. Wie oft hat man Ja gesagt und Nein gemeint. So viele »Jeins«, für niemanden gut.

Ysabel sagt: »Ich hab' einmal Sex so gehaßt, daß ich zu meinem Mann gesagt hab', mir ist alles egal, du kannst zu einer Hure gehen, du kannst hingehen, wo du willst, nur nicht zu mir. Und dann haben wir ausgemacht, daß er mich drei Monate nicht berührt. Das hat ihn so getroffen, das hat er erst überhaupt nicht glauben wollen, daß ich so etwas von ihm verlange. Das hat ihm eine Psychologin dann erst erklären müssen. Für mich waren diese drei Monate eine gute Zeit, in meinem damaligen Zustand. Ich hab' gewußt: Sex kommt nicht, das war schön. Zärtlichkeit war da. Ich hab' zu ihm gesagt, ich bleib' bei dir, ich will keine getrennten Schlafzimmer, wenn du unsere Vereinbarung für diese Zeit einhältst. Da muß man sehr konsequent sein, auch wenn es furchtbar schwierig ist. Die Männer sind da sehr leicht beleidigt und verletzt.«

Ysabel hat sich oft gefragt: »Warum muß man so weit kommen? Warum kann man sich nicht vorher einigen, ohne Bedingungen? Mein Mann hat nie gedacht, daß es so ernst, so wichtig für mich war. Weil Männer nicht so fühlen. Ich hab' gesagt, Zärtlichkeit brauch' ich schon, Sex im Moment nicht. Das war für ihn unbegreiflich.«

»Ja«, sagt Ina, »Zärtlichkeit braucht man. Aber der Sex war für mich immer der Preis für die Zärtlichkeit. Das hab' ich gelernt, schon ganz früh.

Und das hab' ich auch geschluckt. Bis ich soweit war, daß ich mich hinterher hab' übergeben müssen ... Aber die Männer müssen es halt auch erst lernen. Mein Freund ist immer total dagegen gewesen, daß man sich von einem Dritten helfen läßt. Vor einem halben Jahr noch ist er explodiert: Eine Therapie, so ein Schmarrn! Letzten Mittwoch hat er angerufen, er geht doch in eine Therapie.« Aber was das gekostet hat an Kämpfen, an Streit, was das streckenweise für eine Verständnislosigkeit war. Ina kann es immer noch nicht begreifen: »Jeder Mensch sagt, ich muß zum Zahnarzt, weil ich ein Loch im Zahn hab', an dem ich vielleicht selber schuld bin, weil ich zuwenig die Zähne geputzt hab'. Aber zu sagen, ich lass' mir in menschlicher, in sexueller Hinsicht helfen, das ist für die Männer so ein harter Brocken. Es muß schon sehr schlimm kommen, bis sie so etwas machen. Von alleine jedenfalls nicht. Frauen machen das eher.«

Regine sagt: »Ich bin froh, daß ich angefangen habe, etwas zu tun, angesichts der Veränderungen, die mir der Kurs bis heute gebracht hat. Ich hab' es nicht bereut. Mein Mann hat viel mehr Schwierigkeiten, aus sich herauszugehen; ich bin anders, ich kämpfe mehr. Ich will das nicht, ich will nicht aus Freundlichkeit oder Mitleid sagen: Okay, schlafen wir zusammen. Das würde ich nie sagen.« – »Gut für dich«, sagt Ysabel, »aber bei vielen geht das nicht so wie bei dir und mir. Für viele ist es genauso, wie mit einem Eisblock zu kämpfen, dagegen kommt man nicht an.«

»Einmal in der Woche«, regt Chris an, »solltet ihr raus aus dem Alltagstrott, euch zusammensetzen mit eurem Partner, innerlich aufräumen. Aber in ICH-Gesprächen. Wenn ihr in der DU-Sprache sprecht, fühlt sich der Partner gleich angegriffen. Für den ist es manchmal auch ganz schön bedrohlich, wenn ihr jetzt plötzlich Wünsche äußert oder Ablehnung. Deshalb könnt ihr nicht erwarten, daß er sofort einsteigt, ohne Probleme.«

»Ich glaube«, sagt Barbara, »daß ich mir vielleicht einfach deshalb gar keinen Orgasmus wünsche, weil ich mich vor der Enttäuschung schützen will, wenn ich dann doch keinen hab'. Mag sein, daß ich da unbewußt ein inneres Arrangement mit mir getroffen habe.« Barbara ist sonst mit ihrem Leben ganz zufrieden. Es könnte sogar richtig schön sein, »wenn es nur die Sexualität nicht gäbe«. Auch Katharina schaut resigniert vor sich hin: »Ich weiß, ich treib' meinen Mann ja direkt in die Arme einer anderen Frau. Zu einer Frau, die nicht jedesmal sauer ist, wenn er mit ihr schlafen will. Oder die nicht hinterher heult.«

Eine aus unserer Runde ist hinausgerannt, hat die Tür hinter sich zugeschlagen. Nach ein paar Minuten kommt sie wieder. Sie hat geweint. Die beiden Frauen, die neben ihr sitzen, streicheln sie, nehmen sie in den Arm. Sie hat Angst, es werde sich »nie was ändern« in ihrem Leben. Immerzu macht sie sich nur Vorwürfe, daß alles nur an ihr liege. »Meine Mutter sagt, was willst du eigentlich, du hast den besten Mann der Welt.« Da wird Chris energisch: »Vergiß deine Mutter. Dann soll *sie* mit ihm leben.«

Einer der Gründe, weshalb Frauen nicht zum Orgasmus kämen, sei die Angst vor dem Verlust der Kontrolle über sich, sagt Chris. Ja, nicken vier, fünf Frauen spontan, das sei für sie eine schlimme Vorstellung. Da könnten sie drüber, sagt Chris, das könnten sie hinter sich bringen. Sie könnten lernen, zu sich selber zu stehen. Sie sollten es üben, Schritt für Schritt. Erst allein, dann zusammen. »Macht euch im Hintergrund Musik, daß ihr euch nicht so hört oder den anderen. Daß ihr nicht so allein im Raum steht. Achtet auch darauf, wo bei euch die Klappe runterfällt: das sind all die ungelebten Wünsche, die Schatten, die ihr euch nicht zu leben traut. Laßt sie raus, fangt an, sie zu leben, sperrt sie nicht wie Hunde in den Käfig. Denkt mal darüber nach, wieviel Energie ihr darauf verwendet, sie zu unterdrücken. Diese Energie könnt ihr viel besser einsetzen.«

Wir machen eine Becken- und Atemübung. Wir hüpfen im Kreis herum: erst mal ein paar Runden in aufrechter Haltung. Dann in den Knien, mit hängenden Armen, wie ein Orang-Utan. Gut, daß uns so keiner sieht: mitten in irgendeinem Wohnzimmer zehn Frauen hintereinanderher schlurfend. Anschließend liegen wir auf dem Boden, heben das Becken, »kreisen, fallen lassen, wieder heben, wieder kreisen ...« Und stöhnen, richtig vernehmlich stöhnen sollen wir auch dabei. »In Amerika«, sagt Chris, »macht man solche Übungen in den Kursen nackt, da ist man überhaupt nackt dabei.« Wir sind froh, daß wir nicht in Amerika sind.

Bis zum Mittagessen – alle kamen wieder mit Schüsseln, Töpfen, Selbstgemachtem – reden wir miteinander. »Von den Gefühlen her geht es heute ganz schön zu!« sagt Regine. »Jede denkt, es ist die letzte Gelegenheit. Wenn wir vorher so offen gewesen wären!« Aber das wäre vorher eben nicht gegangen, nicht in dieser Warmherzigkeit. Das wächst erst.

Chris ist auch ganz zufrieden mit uns. Zum Nachtisch schärft sie uns noch einmal die Merksätze für die Liebe zu zweit ein: »Ihr habt ein Recht auf volle Befriedigung. Aber ihr könnt nicht dem Partner die Verantwortung dafür geben. Ihr selbst seid dafür verantwortlich. Seid selbstsüchtig. Das ist auch das Beste, was ihr für euren Partner tun könnt. Denn all diese zu kurz gekommenen Frauen, die alles nur in sich hineinfressen, werden bitterböse und gehässig.«

Was Frauen sich alles angewöhnt haben, um sich vor der Sexualität mit dem Partner zu drücken: Lockenwickler im Haar, Creme im Gesicht, rasende Kopfschmerzen ..., alles Vermeidungsverhalten, meint Chris. Das seien Ausflüchte: »Die Frauen, voll von angestautem, nie ausgesprochenem Ärger, strafen ihren Partner dadurch, daß sie sich ihm verweigern.« Es scheint ihnen oft die einzige Möglichkeit. Chris rät uns, ehrlich zu sein, Mut zu zeigen. »Schiebt nicht vor, den Partner nicht ›verletzen‹ zu wollen, ihn deshalb zu schonen, nach dem Motto: Du sagst nicht, was dir stinkt, ich sag' nicht, was mir stinkt. »Wenn es bei euch nicht stimmt, dann brecht ab, sprecht darüber, euch beiden zuliebe. Denn sonst wäre es Lüge, und ihr hättet danach eine Wut auf ihn.« Eine Wut nach der anderen.

Später, zur blauen Stunde in der Dämmerung, sollen wir unsere aufregendsten sexuellen Erlebnisse erzählen. Chris geht mit gutem Beispiel voran. Wir sehen sie, vor langer Zeit, es war noch während des Studiums, mit einem Freund auf die Terrasse hinausrennen, in den Schnee, nackt, mitten im Olympiadorf, und sich hinterher die Eisstückchen gegenseitig vom Körper lutschen ... Ina erinnert sich an eine lange Bahnfahrt. Sie fuhr zu einem Mann, ja genau, einzig und allein der Lust wegen. Diese Stunden im Zug schienen ihr endlos, der Weg vom Bahnhof zum Haus ebenso. Oben, in der Wohnung, kam sie nicht mehr dazu, auch nur den Mantel auszuziehen. Es war ihr egal, ob in Stiefeln und Hut, ob auf dem Küchentisch oder auf dem Boden im Flur. Es war nur einfach schön und wahnsinnig. Ja, wahnsinnig. Ein Gefühl, das sie lange nicht mehr gehabt hat ... Andrea hat einmal, an irgendeinem Weihnachten, in Rom an der Spanischen Treppe zwei Franzosen kennengelernt, sich in einen der beiden verliebt. Sie ist mit ihnen ins Hotel gegangen, wortlos. Weil sie erstens nicht reden wollte und zweitens sowieso nicht französisch konnte. Im Hotel haben sie Liebe gemacht. Erst zu zweit, dann zu dritt. Dann ist Andrea, strahlend und beschwingt, wieder fortgegangen. Am nächsten Tag hat sie die beiden zufällig wieder getroffen. Sie haben sich zugelächelt und sind aneinander vorbeigegangen. Es war schön so, wie es war. Wir finden das eine hinreißende Geschichte. Kaum eine kann mit so etwas aufwarten.

Drei, vier passen, es fällt ihnen nichts Besonderes ein. Auch Lexi muß ziemlich nachdenken. Dann erzählt sie uns die Geschichte eines Grundstückkaufs in Spanien, nach zwölf Jahren Ehe. Sie redet ewig vom Finanzamt, bis das alles geklärt war mit dem Zoll und dem Geld und so weiter. Wir warten ungeduldig: Wann kommt das sexuelle Erlebnis? War es im Finanzamt, vielleicht gar im Beamtenaufzug? Oder mit einem Beamten selbst? Das wäre ja was. Nein. Da war nichts. Beim Zoll ist auch nichts passiert, da ging es nur um Formulare. »Habt ihr wenigstens auf dem neuen Grundstück miteinander geschlafen?« will Daniela wissen. Lexi meint, nein, das könne sie leider nicht so sagen. Ysabel insistiert: »Ja wann und wo denn dann?« Lexi kapituliert. Also ja, hinterher im Hotel. Mehr erfahren wir nicht. Aber es muß etwas mit dem Grundstück zu tun gehabt haben.

Ina fällt noch eine schöne Episode ein. Wir sind jetzt ganz gut in Fahrt. Ina erzählt von einem Wochenende im Hotel mit einem Freund, vor noch gar nicht so langer Zeit. Sie gingen zusammen essen, Ina hatte sich schön gemacht, ein aufregendes Kleid angezogen und keinen Schlüpfer darunter, nichts. Die ganze Zeit prickelte es in ihr. Sie saßen sich bei Tisch gegenüber, vornehm und distanziert. Aber, sie »wußten es«. Das sei »unheimlich erregend« gewesen. »Auch dieses Gefühl: du läufst durch diese stinkfeine Hotelhalle und hast unten nichts an.«

Wir nicken beifällig, das ist es. Toll. Bis Annemarie sagt: »Meine Oma macht das auch immer, wenn es ihr im Sommer zu heiß ist.«

Wir haben unser Soll noch nicht erfüllt: es folgt die Männerbeschimpfung. Im Rahmen der Übung »Ärger rauslassen«. Chris scheucht uns energisch aus unseren Polstern, Sofas und Kuschelecken. Diese Übung, das Abreagieren von Ärger, ist äußerst wichtig.

Das Dumme ist nur, daß wir keine Männer zur Verfügung haben. Meinen eigenen will ich nicht so gerne verleihen, nicht so mir nichts, dir nichts dieser geballten Frauenliga ausliefern. Obwohl es ihm, wie er hinterher versichert, Spaß gemacht hätte. Aber Spaß soll es ja nicht sein, sondern Arbeit. Chris sagt, es mache nichts, daß keine Männer da seien. Bei Frauenselbsterfahrungsgruppen seien logischerweise nie Männer anwesend. Es gehe auch ohne. Wir sollten uns in Dreierreihen aufstellen und denken, die gegenüberliegende Bücherwand seien Männer.

Wir stellen uns also in Dreierreihen auf und starren an die Wand. Keine hat so recht Lust, mit der Beschimpfung anzufangen. Wir haben miteinander geredet, gegessen, gelacht. Ein paar haben sich gegenseitig getröstet, ein paar geweint. Und jetzt sollen wir »die Sau rauslassen«, wie Chris sagt.

O je. Zehn Frauen stehen da, beide Beine fest auf der Erde. Sonst, hat Chris gesagt, könne man nicht aggressiv sein, in bequemer Haltung, lässig eingeknickt mit einem Beinchen. Fest und aufrecht müssen wir stehen.

Keine sagt etwas. Lange nicht. Also muß Chris wieder ran. Sie erklärt uns das Ganze: »Also, sagt zum Beispiel: Ihr mit eurer Scheißstärke, ihr kotzt mich an!« Ihre Stimme klingt laut, viel lauter als sonst. Sie klingt auch etwas gewollt. Vielleicht ist auch sie gerade in eher sanfter Stimmung und muß uns nun Männerbeschimpfung beibringen. Es hilft nichts, sie muß uns anfeuern. »Ihr stampft uns in Grund und Boden!« ruft Chris tapfer der Wand entgegen. Fällt uns, in Dreierreihen aufgestellt, denn immer noch nicht eine handfeste Beleidigung ein, irgendeine? So ganz spontan? Jede hofft auf die anderen. Ein dünnes Stimmchen aus der hintersten Reihe meldet sich halbherzig: »Und überhaupt, ihr könntet ja auch mal mehr an uns denken, ihr Männer.« Immerhin, ein Anfang ist gemacht.

Nach und nach kommen noch ein paar Sätze, Argumente eher denn Beschimpfungen: »Ich möchte mal allein in einer Bar sitzen können, ohne daß mich gleich einer anlabert. Ich bin mir gut allein. Ihr denkt immer, ohne euch ist man verloren.« – »Mich kotzt diese ständige Potenz an, kaum daß eine Frau nur in die Nähe kommt.« – »Ich hasse es, wenn du immer mit deiner geladenen Pistole in der Hose herumrennst.« – »Gefühle sind für euch nur Dummheit.« – »Solange wir uns nicht wehren, ist alles problemlos. Ihr fragt nicht danach, wie es einem geht.« – »Immer wenn es ungemütlich wird, zischt ihr ab.« – »Ihr kneift immer.«

Da kommt also doch noch ein bißchen was raus, von ganz tief unten.

Draußen herrscht jetzt ein regelrechter Schneesturm. Wir schauen den wirbelnden Flocken zu, keine sagt mehr etwas. Chris fragt: »Wer hat noch was?« Niemand. Dann kommt doch noch ein Satz. »Ich würde«, sagt eine zur Bücherwand hin, »gerne mal schmusen, ohne das andere. Ihr wollt den Verkehr, wenn wir nur Zärtlichkeit wollen.«

Nein, eine richtige Männerbeschimpfung ist es nicht geworden. Aber es sind Sätze gefallen, die nachdenklich stimmen: nicht so sehr aggressiv, traurig vielmehr. Vielleicht klappt es nicht mit der Aggression, wenn man als Objekt der Wut nur eine Wand vor sich hat und nicht einen wirklichen Mann – einen, gegen den man im wahren Leben oft wie gegen eine Wand anrennt.

Alle sind erleichtert, daß die Übung vorbei ist.

Wir haben noch eine Stunde Zeit. Wir reden miteinander, was dieser Kurs gebracht hat. Noch etwas unsicher, die Erkenntnisse sind noch recht nebulös. Aber eines ist klar: Er hat Unruhe gebracht in eingefahrene Gleise. Den Willen, etwas zu verändern, und Möglichkeiten. Und das ist viel.

An unserem letzten Dienstag gehen wir in einen Sexshop. Das war von vornherein klar, das stand auf der Liste. Natürlich gehen wir da hin, haben alle zu Anfang des Kurses gesagt, warum denn nicht. Bis dahin sind wir ohnehin schon Profis.

Außer einer oder zwei Frauen war noch nie jemand in »so etwas«. Je näher dieser Dienstag kommt, desto diffiziler wird es, einen genauen Termin festzulegen, der allen paßt. Dabei hatten wir bis jetzt jeden Dienstag einen genauen Termin: 9 Uhr bis 10.30 Uhr. Dieser Dienstag scheint vom Pech verfolgt. Bei der einen muß vielleicht das Kind zum Zahnarzt. Oder das Auto zur Reparatur. Bei der dritten kommt eventuell die Schwiegermutter zu Besuch. Soll sie zu der etwa sagen: »Ich lass' dich jetzt allein, ich muß mal eben für zwei Stunden in den Pornoladen.«

Es kommen dann doch fast alle. Die einen überpünktlich, wie es ihrer Natur entspricht, die anderen nach und nach. Aber alle stehen eisern da, auf dem Bürgersteig, und warten, ob nicht doch noch eine kommt: wenn schon, dann nur im Pulk. Einige haben bereits einen Blick ins Schaufenster geworfen. Ach herrje. Hoffentlich sieht einen keiner, den man kennt, wenn man da so vor dem Sexshop rumsteht.

Wir gehen geschlossen hinein. Es ist zehn Uhr morgens, ein paar Männer sind drin, aber letztlich mehr Verkäufer als Käufer. Die Verkäufer mustern uns, wie uns scheint, ratlos. Kommen zufällig so viele Frauen auf einmal, oder hat uns die Alice Schwarzer als Abordnung geschickt, um Ärger zu machen? Nein, nein, wir machen keinen Ärger. Wir gehen höflich an den Regalen entlang, beäugen energisch all die Diadem-Lustringe, die Scharfmachertropfen, die Schuhe mit Nägeln, die Hundehalsbänder, Ketten mit Widerhaken. Für die Liebe werden sogar schlichte Frauenrümpfe angeboten. Ohne Kopf und ohne Bein, ohne Arm und ohne Hände. Einfach Busen, Bauch und Scheide. Manchmal sogar bloß noch ein kleiner Rest von allem, ein Unterleib mit Scheide, mehr nicht.

»Das ist ja furchtbar«, sagt Regine. »Das sind ja solche Schweine, wie die die Frauen degradieren.« Sie sagt es eher flüsternd, mit den paar Männern, die hier herumlungern, will sie sich nicht in Diskussionen einlassen. Das will keine. »Das sind ja eigentlich alles arme Menschen, die so etwas brauchen. Die tun mir eigentlich leid.« Regine mit ihrem Wuschelkopf und ihrem lebendigen Gesicht hat einen Schatten, seit sie in dem Sexshop ist:

ein Mann, der sie von oben bis unten mustert, immer in ihrer Nähe ist und wahrscheinlich darüber rätselt, warum diese Frau in so einem Laden Liebesperlen, Torsos und Widerhaken begutachtet. Und dazu noch zusammen mit so vielen anderen Frauen.

Am Schluß fühlen wir uns verpflichtet, etwas zu kaufen. Wir wissen nicht, warum, aber es ist so. Am Ende haben fünf einen Vibrator in der Tasche, eine ein schwarzes Spitzenhöschen, eine hat schwarze Strapse.

Hinterher setzen wir uns alle noch in einem Café zusammen. Die richtige Stimmung zum Reden will erst nicht aufkommen. Es ist unser letztes Treffen. Haben wir in etwa erreicht, was wir erreichen wollten? Wie geht es weiter? Wir beschließen, uns weiterhin zu sehen, einmal im Monat. Es muß sich immer nur eine finden, die das in die Hand nimmt.

# Die Psychotherapeutin

*Chris Naujoks ist Diplom-Psychologin, Psychotherapeutin und Supervisorin mit Zusatzausbildungen in Verhaltenstherapie und in verschiedenen Methoden der Humanistischen Psychologie. Sie arbeitet in privater Praxis in München und Penzberg sowie in der Fortbildung und Supervision von Psychotherapeuten und Eheberatern. Ihre Schwerpunkte sind körperzentrierte Psychotherapie und Sexualtherapie.*

Die Frauengruppen zur Entwicklung der weiblichen Sexualität habe ich 1979 an der Münchner Volkshochschule eingeführt und leite sie (mit Unterbrechungen jeweils vor und nach der Geburt meiner beiden Töchter) bis heute noch gerne.

Ich leite viele Gruppen, aber diese Frauengruppen mit normalerweise 16 bis 19 Teilnehmerinnen sind etwas Besonderes. Heute weiß ich schon, daß die anfänglichen Verkrampfungen, Fremdheiten und verächtlich herabgezogenen Mundwinkel, wenn ich beginne, vollkommen offen über Sexualität und auch über meine persönliche Sexualität zu reden, bald vorbeigehen. Heute ahne ich schon in der ersten Sitzung unter dem eingefrorenen Lächeln und den oft verurteilenden Blicken die Wärme und Nähe, die sich im Lauf der Zeit ergeben werden.

Wir treffen uns für gewöhnlich an sechs Abenden für jeweils zwei Stunden in der Münchner Innenstadt und haben dazwischen zusätzlich zwei Intensivtage. Am Anfang, 1979, standen mein Wunsch, mit großen Gruppen zu arbeiten, und mein Enthusiasmus über das, was ich selbst für mich erobert hatte. Nachdem ich selbst in der Erfüllung meiner Sexualität einige Umwege gegangen war, freute ich mich, daß erfüllte weibliche Sexualität

1. trotz anerzogener Verbote und negativer Vorprogrammierungen möglich ist und

2. relativ einfach geht, und zwar ohne demütigende Fragen und Ratschläge in Sexualtherapie-Instituten oder von Partnern, ohne ewig auf den Märchenprinzen warten zu müssen, ohne 1000 DM oder mehr zum Therapeuten tragen zu müssen, ohne schon alle emotionalen und neurotischen Probleme beseitigt zu haben und ohne auf einen Tag X mit extrem günsti-

gen Bedingungen in der fernen Zukunft warten zu müssen (auf einen ausgedehnten Urlaub, auf die besonders positive Sternkonstellation etc.).

Im Hintergrund hatte ich mein Psychologiestudium und meine Erfahrung als Sexualtherapeutin am Max-Planck-Institut in München, vor allem aber meinen von persönlichen Erfahrungen getragenen Weg, mit Frustrationen, Kämpfen, Straucheln, einen Weg aber, der schließlich zum Erfolg führte.

Vielleicht kennen auch Sie diesen Weg, den so oder ähnlich die meisten Frauen gingen, die ich in meinen Gruppen oder Einzeltherapien traf: Er führt von der anfänglichen Genügsamkeit, die nichts vermißt und sich mitfreut, wenn es für den Partner schön ist, über verdrängte Frustration und möglichst lange Vermeidung von sexuellem Zusammensein mit dem Partner, über das Bewußtsein: »Jetzt reicht's, ich will auch mehr davon haben!« (oft mit Wut auf den Partner, die Eltern, sich selbst, die Gesellschaft und überhaupt), über die Suche nach Hilfe in Büchern und bei Ratgebern *schließlich* dazu, daß man *selbst aktiv wird und die Verantwortung* für seine Bedürfnisse und Gefühle *voll übernimmt. Am Ende ist man egoistisch, sorgt für sich selbst,* holt sich, was man braucht, und erlaubt sich, wonach einem der Sinn steht.

**Welche Frauen kommen und mit welchen Problemen bzw. Wünschen?**
Die Gruppe, über die hier berichtet wird, war eine meiner beiden schwierigsten Frauengruppen; der Kurs fand ausnahmsweise am Stadtrand Münchens und ausnahmsweise am Vormittag statt; die Gruppe hatte die niedrigste Teilnehmerzahl und wohl den größten Prozentsatz von Müttern und Hausfrauen. Hinzu kam ungünstigerweise, daß der zweite Intensivtag erst am allerletzten Tag und der erste Intensivtag nicht in privaten Räumen stattfand. Derartige Umstände verringern die atmosphärischen Potentiale der Gruppen (sich einen freien Abend in der Stadt zu gönnen und hinterher miteinander noch ein Glas trinken zu gehen schafft natürlich mehr Nähe und Zusammenhalt, als danach gleich zum Kindergarten oder zum Einkauf hetzen zu müssen).

Die meisten Gruppen trafen bzw. treffen sich noch Monate und Jahre danach. Alter, Status und Auftreten der Gruppenteilnehmerinnen variieren meist sehr stark (von 17 bis über 60 Jahre, Schülerinnen und Hausfrauen, Studentinnen, Angestellte, Alleinstehende, Verheiratete, Alleinerziehende, Mütter von großen oder kleinen Kindern und schwangere Frauen, schick zurechtgemachte und Frauen in Jeans und Nicky, Biedere mit Haarknoten und Emanzipierte, aber auch unsichere, und unselbständig wirkende Frauen, überwiegend aus der Mittelschicht). Einige waren in Psychotherapie (teilweise seit Jahren), viele hatten Bücher über Sexualität gelesen (teilweise auch diejenigen, die ich empfehle, wie »For Yourself« von Lonnie Garfield Barbach, oder »Sexuelle Phantasien der Frauen« von Nancy Friday) und hatten Partnerwechsel und zermürbende Kämpfe hinter sich, alles ohne Erfolg.

Was in dieser Gruppe hilft, ist, gemeinsam durch bestimmte Erfahrungen zu gehen, sich gegenseitig zu ermutigen und vielleicht auch anzuschubsen, der Austausch von Erfahrungen und Anregungen, das ehrliche Feedback, die gegenseitige Unterstützung und das Gefühl, mit solchen Problemen nicht allein zu stehen. Die bei Beginn geäußerten Erwartungen, Interessen und Probleme umfassen ein breites Spektrum: Zum einen werden viele *allgemeinere Interessen* angegeben (teilweise natürlich nur vorgeschoben, teilweise aber auch eine echte Motivation): mehr Lebendigkeit, offen über Sex sprechen zu lernen, die weiche, weibliche Seite mehr zulassen zu können, Kontakte und Austausch mit Frauen zu finden, mal aus dem Haus zu kommen und vor allem mehr über die Gefühlswelt der Frauen zu erfahren (letzteres wird oft angegeben und verbirgt meist die Frage: »Stehe ich allein mit meinen Problemen, bin ich normal?«). Daneben gibt es viele *spezifisch sexuelle Probleme:* vor allem Orgasmusschwierigkeiten (generell oder situativ), einfach keine Lust auf Sexualität, Vaginismus (eine Art Scheidenkrampf), Dispareunie (Schmerzen beim Geschlechtsverkehr), Menstruationsbeschwerden etc. *Hinsichtlich der Erfolgsprognose* (für Orgasmusfähigkeit beim Geschlechtsverkehr) gehe ich von *folgender Stufenleiter* aus:

**1.** Am schwersten haben es Frauen, die von ihren Partnern geschickt werden und selbst das Gefühl haben, »ich brauche das Ganze nicht, könnte mein Leben lang gerne auf Sex verzichten«.

**2.** Es folgen Frauen, die noch nie einen Orgasmus hatten, nicht onanieren, möglichst selten mit ihren Partnern schlafen und viele Tricks entwickelt haben (oft unbewußt), um Sexualität zu vermeiden (vom Einschlafen beim Fernsehen über Scheideninfektionen, die vergessene Pille, Kinder mit Schlafstörungen und nächtlichen Ängsten, Dauerblutungen bis hin zur schlechten Laune als Dauerzustand, zur absichtlichen Unattraktivität und Migräne). Immerhin kommen sie aber aus eigenem Antrieb, sind schon etwas neugierig und hellhörig.

3. Dann folgen Frauen, die zwar beim Masturbieren zum Orgasmus gelangen, aber sagen: »Mit dem Partner geht es bei mir nicht.« In dieser Gruppe müssen wir eine wichtige Unterscheidung treffen: Frauen, die zwar nicht beim Geschlechtsverkehr, wohl aber beim Petting mit direkter klitoraler Stimulation zum Orgasmus kommen, haben das Sich-Fallenlassen und die Orgasmusfähigkeit mit dem Partner im Prinzip gelernt – im Gegensatz zu Frauen, die nie mit einem Partner Orgasmen hatten, auch nicht bei klitoraler Reizung. Da es eine physiologische Tatsache ist, daß allein der traditionelle Geschlechtsverkehr vielen Frauen nicht genügend Stimulation für den Orgasmus verschafft, sollten wir hier nach der Ansicht moderner Sexualtherapeutinnen gar nicht mehr von »Anorgasmie« bzw. einer »Störung« sprechen: In solchen Fällen bedürfe es eben einer zusätzlichen Stimulation.

4. Dem letzten Entwicklungsschritt am nächsten sind nach meiner Erfahrung Frauen, die onanieren (mit Orgasmen), ebenfalls beim Petting mit dem Partner zum Orgasmus gelangen und die sich beim Geschlechtsverkehr mit dem Partner, mit vielen Gefühlen und alles »drangebend«, bemühen, um auch zum Höhepunkt zu kommen. Dies ist zwar eine schmerzhaftere Phase als die (oberflächlich gesehen) gefühlsmäßig ruhigere erste Phase, da die Frau immer wieder hofft, sich ganz einläßt, alle Gefühle investiert und schließlich doch wieder heftige Enttäuschung erlebt und vielleicht in Tränen ausbricht. Aber *dieses gefühlsmäßige, intensive Wollen und das aktive Sich-ganz-Einlassen scheinen mir notwendig.* Das heißt also: wenn Sie sich ärgern oder weinen, wenn Sie wieder nicht zum Höhepunkt kamen, sind Sie schon auf dem besten Wege!

**Welche Ursachen haben sexuelle Probleme von Frauen?**

Sexuelle Probleme, Hemmungen und Ängste sind fast nie organisch, sondern fast immer psychisch bedingt. Viele Frauen nehmen allerdings diese Aussage als Knüppel zur Selbstbestrafung (»Ich bin nicht normal, bin seelisch gestört«). Solche Probleme haben wir durch unsere Lerngeschichte erworben; das bedeutet aber, daß wir eine erfüllte Sexualität jederzeit *lernen* können. Ja, man kann sie lernen, sie wird einem bloß nicht geschenkt, zumindest nicht, nachdem sie – wie in unserer Kultur – zunächst jahrelang boykottiert und verbogen wurde. In der Ankündigung meines Kurses heißt es: »Mädchen lernen bei uns jahrelang, sexuelle Gefühle und Bedürfnisse zu unterdrücken, und sollen plötzlich als Erwachsene (früher in der Hochzeitsnacht) wie durch ein Wunder leidenschaftliche Partnerinnen sein.«

Sexuelle Probleme sind multifaktoriell bedingt, das heißt, *es gibt mehrere Ursachen,* die ich nachfolgend etwas vereinfacht zusammenfasse:

Neben der *Persönlichkeitsstruktur* und der damit zusammenhängenden *Lerngeschichte* (**1**) spielen die *Beziehungsdynamik des Paares* (**2**) eine wichtige Rolle (Kommunikationsprobleme etc.), ebenso *sonstige aktuelle Streßfaktoren* (**3**) beruflichen oder familiären Ursprungs.

Zu (**1**): Beispiele für negative Konditionierungen in der Lerngeschichte sind

- frühe negative sexuelle Botschaften, leider oft ohne Worte übermittelt und unbewußt übernommen (z. B. »Faß dich nicht da unten an, das ist bäh!«, oder Mutter sagt mit abwertender Mimik: »Männer wollen immer nur das eine!« oder »Nutte!«, wenn eine sexy gekleidete Frau vorbeigeht etc.);

- sexueller Mißbrauch, sexuelle Traumata führen zur Verabscheuung der Sexualität, zu aversiver Konditionierung, die sich später auf alle Männer generalisieren kann. Hier genügen schon unerwünschte sexuelle Berührungen, die als erniedrigend empfunden wurden, oder die nonverbal vermittelte Begierde des (unbefriedigten) Vaters (oft im krassen Gegensatz zu seinen verbalen Moralpredigten), wie zum Beispiel im Film »Nuts«.

- Fehlinformationen, sexuelle Mythen spuken, obwohl längst widerlegt, immer noch in den Köpfen vieler Frauen herum und richten dort Schaden an: »Sexualität ist für die Frau nicht so wichtig«, »anständige Frauen müssen in der passiven Rolle bleiben«, »klitorale Orgasmen sind neurotisch, nur vaginale sind Zeichen für Reife« (Freud), »der Mann hat die Verantwortung im Sex, auch für den Orgasmus der Frau«, »Sexualverhalten besteht von Natur aus« usw. Hinzu kommen moderne, aber ebenso problematische Mythen wie »der Orgasmus ist das wichtigste an der Sexualität«, »gute Technik ist das A und O«, »Sexualität hat nichts mit Liebe zu tun«, »emanzipierte Frauen haben multiple Orgasmen und keine sexuellen Hemmungen«. Kurz, die alten Mythen führten zur Unterdrückung der weiblichen Sexualität, die neuen Mythen hingegen zu starkem Erfolgszwang und zu Versagensängsten.

- Die früheren Sachverständigen (Ärzte, Pfarrer, Psychologen) waren vor allem Männer und vertraten zwangsläufig ihre eigenen Interessen. Zusätzlich zur Masse ihrer pathologischen Etiketten für Frauen (»hysterisch«, »Keife«, »unweiblich« etc.) erfanden sie das demütigende Etikett »frigide Frau«, mit dem sich heute viele Frauen geißeln bzw. geißeln lassen. Ebenso irreführend ist der Begriff »Anorgasmie«, so als gäbe es eine ein für allemal bestehende Orgasmusunfähigkeit. Tatsache ist vielmehr, daß jede Frau lernen kann, sexuelle Lust zu empfinden und zu genießen! Auch empfahlen viele Ärzte ihren Patientinnen, »auf den Richtigen zu warten« (statt selbst aktiv zu werden!), und rieten von der Masturbation ab, »um sich alles für den Mann aufzuheben«, als gäbe es ein erschöpfbares Lustreservoir (eher ist das Gegenteil der Fall!). Manch eine Klitoris (unser wichtigstes weibliches Lustorgan, entscheidend für den Orgasmus!) wurde sogar operativ entfernt.

- Hinzu kommt die kulturelle sexuelle Repression speziell von Frauen und Mädchen. Wir werden in unserer Kultur auf die eine oder andere Art für aktive sexuelle Betätigung bestraft, müssen lernen, verlegen, bescheiden, passiv zu reagieren und uns dann mit der Angst quälen, ob wir es für ihn gut genug machen, ob wir für ihn schön genug sind (manche dürfen schon deshalb nicht schwitzen, stöhnen oder sich bei Erregung gehenlassen). Tatsache ist, daß dieses bescheidene, passive, aggressionsgehemmte Abwarten, dieses Hoffen auf morgen, auf den Traumprinzen oder auf andere äußere Umstände gerade unsere weibliche sexuelle (und sonstige) Entwicklung hemmt!

- Hinzu kommt, daß unsere ersten und wichtigsten Modelle im Bereich des Sexual- und des Beziehungsverhaltens unsere meist gehemmten und unterdrückten Mütter waren. Sie zeigten uns, wie Frauen sind bzw. zu sein haben.

Zu (**2**): Die Beziehungsdynamik des Paares ist komplex (hier vereinfacht dargestellt). Die oben erwähnten Einflußfaktoren aus der typischen Lerngeschichte der Frauen spielen hier eine wichtige Rolle:

- Frauen haben aufgrund ihrer Lerngeschichte Schwierigkeiten, ihre sexuellen Bedürfnisse genau zu artikulieren und dem Partner ehrliches Feedback zu geben. Das ist insofern problematisch, als unsere Partner diese Bedürfnisse nicht »riechen« können, und der Mythos »wenn er mich wirklich liebte, würde er wissen, was ich brauche, und mir das auch geben« führt nur zu Frustration und Ausreden, um in der Passivität zu verharren. Hinzu kommt, daß unsere sexuellen Bedürfnisse individuell und situativ variieren, so daß unseren Partnern auch ihre »Erfahrung mit Frauen« wenig hilft.

- Frauen haben aufgrund der kulturellen Lerngeschichte auch Schwierigkeiten, »nein« zu sagen, etwas abzulehnen. Wenn man aber etwas mit und trotz Abneigung tut, kann es ebenfalls zur erwähnten aversiven sexuellen Konditionierung kommen, so daß in Zukunft mit Sexualität Ekel, Abneigung, Frustration, Ärger assoziiert sind.

- Frauen haben meist nicht gelernt, für sich zu kämpfen und ihren Ärger auszudrücken, um danach wirklich offen für den Partner und für Intimität sein zu können. »Geschluckter Ärger« vergiftet die Beziehung, das Bett und die Sexualität. Er äußert sich dann indirekt, zum Beispiel in psychosomatischen Beschwerden (Migräne, Müdigkeit, Unterleibsbeschwerden etc.) oder einfach in der gänzlich fehlenden Lust am Sex oder in der Ablehnung des Partners. Letztlich will man damit den Partner strafen (häufig unbewußt), straft aber in gleichem Maße auch sich selbst. (Männer fühlen sich oft wertlos, wenn ihre Frauen keine sexuelle Lust oder keinen Orgasmus haben.)

- Eine Funktion von sexuellen Problemen in der Partnerschaft ist zum Beispiel auch die Garantie, daß die Frau dadurch nicht »fremdgeht« und die Eifersucht des Partners so in Grenzen gehalten wird.

Zu **(3)**: Streß ist ein wichtiger »Sexkiller«; folgende Streßfaktoren können zusätzlich eine Rolle spielen:

- Eine Familie geht im Laufe ihrer normalen Entwicklung ständig durch familiäre Krisen (zum Beispiel bei der Geburt eines Kindes, bei Krankheit oder Tod eines Familienmitglieds, Umzug etc.). Frauen tragen gefühlsmäßig oft schwer daran, da die Familie für sie im Vordergrund steht. Häufig haben die Frauen in meiner Gruppe kleine Kinder (oft zwei knapp nacheinander) und gehen durch diese Krise, gekennzeichnet nicht nur durch die Freude an den Kindern, sondern auch durch Verzicht auf vieles, durch mangelnde Zeit für sich selbst, nervliche Überbeanspruchung (sogar nachts im Bett) – »Mutterballast«, der tonnenschwer auf der eigenen Sexualität und Erotik lastet. Oft werden sogar die Kinder lange mit ins Ehebett genommen, wo sie, familientherapeutisch gesehen, die gesunde Grenze, die um das Paar sein muß, verletzen. Dies wirkt sich meist schädlich für Kinder und Eltern aus. Auch für die Väter bedeutet diese Phase Streß; sie tragen mehr Verantwortung, haben viel weniger von ihren Frauen und werden oft noch seelisch verletzt, wenn sie auch im sexuellen Bereich einen Korb bekommen.

- Bei berufstätigen Frauen kommt oft Überlastung im Beruf bzw. die problematische Doppelbelastung der Mütter hinzu. Auch Schwierigkeiten in der Nachbarschaft oder der entfernteren Verwandtschaft und finanzielle Krisen sind Streßfaktoren.

*Am Ende steht häufig ein Teufelskreis,* der zugleich sexuelle Probleme aufrechterhält:

Die Angst vor Versagen bzw. die Erwartung einer Enttäuschung (eventuell bei gleichzeitigem Hoffen, »daß es diesmal klappt«) führt zu einer Beobachterrolle (man beobachtet vor allem sich selbst, kritisch und gestreßt). Dadurch entsteht ein Panzer, der die Aufnahme der sexuellen Reize vollständig blockiert und zu schnellen Aufgaben führt, so daß schließlich wieder die Enttäuschung eintritt und in der Folge die Erwartungsangst zunimmt. Diese unangenehmen und belastenden Gefühle (Scham, Ekel, Angst, Frustration, Abwertung und gestaute Wut) lernen Frauen schließlich auf verschiedene Arten zu vermeiden:

Zum Beispiel erfolgt Geschlechtsverkehr nur noch »dem Partner zuliebe«; eine Frau kann Spezialistin für die Beschleunigung seines Orgasmus werden, eigene Orgasmen vortäuschen (aus Angst vor Verurteilung, Enttäuschung, aus Scham oder um die Sache endlich zum Abschluß zu bringen); sie wird Ausreden bzw. Ausweichmanöver erfinden: vom Kopfweh über Vaginalinfektionen, Müdigkeit, die vergessene Pille, vom Streit, der ohne ersichtlichen Grund vom Zaun gebrochen wird, über Lockenwickler und Gesichtsmasken bis hin zum übermäßigen Essen oder Trinken (sich selbst oder den Partner vollstopfen), und vieles andere. Sogar die Kinder opfern sich und spielen mit (allnächtliche Alpträume, Bettnässen, die Weigerung, anderswo als im Bett der Eltern schlafen zu können etc.).

**Welche Methoden helfen?**

Das Wichtigste, was Sie wissen sollten:

1. *Mit sexuellen Problemen* (zum Beispiel Schwierigkeiten, einen Orgasmus zu bekommen) *stehen Sie nicht allein:* ein hoher Prozentsatz von Frauen teilt sie mit Ihnen. Daß es dazu kommt, ist in unserer Kultur kein Wunder (siehe »Ursachen«). In Kulturen, in denen Frauen zu frühzeitigen Sexualspielen ermutigt werden und sie aktiv und aggressiv sein dürfen, ist der weibliche Orgasmus selbstverständlich. Dort werden auch die wesentlichen Methoden praktiziert, die für die Orgasmusauslösung bei der Frau notwendig sind.
2. *Das wichtigste weibliche Sexualorgan mit dem größten Empfindungsvermögen ist bei den meisten Frauen die Klitoris, nicht die Vagina.* Sie wird bei dem hierzulande üblichen Geschlechtsverkehr (»Missionarsstellung«: er oben, sie unten) nur sehr indirekt stimuliert. Viele Frauen brauchen also zusätzlich eine direkte Stimulation der Klitoris.
3. *Es ist nie zu spät.* Frauen genießen ihre Sexualität oft mehr, wenn sie älter werden. Meine älteste Kursteilnehmerin war 62 Jahre und freute sich, daß sie endlich gelernt hatte, ihre Sexualität zu genießen.
4. *Auch wenn sonst im Leben noch nicht alles gelöst ist* (Wohnung, Job, Kinder ...) und keine optimalen Bedingungen gegeben sind, können Frauen ihr Sexualpotential entwickeln – sie brauchen nicht zu warten. Wir können heute sexuelle Probleme wirkungsvoll direkt angehen, ohne langjährige Therapie. (Einige Frauen hatten mehrjährige Therapien hinter sich und lösten erst hier ihre sexuellen Probleme, indem sie sie gezielt angingen.)
5. *Jede Frau kann lernen, mehr sexuelle Lust zu erleben,* denn sexuelle Genußfähigkeit gehört zu unserer angeborenen Grundausstattung. Wir dürfen sie nur nicht mehr durch unsere gelernten Einstellungen beeinträchtigen.
6. *Das Wichtigste ist die Veränderung der Einstellung:* statt passives Lustobjekt zu sein, ewig abzuwarten oder sich zu beklagen, müssen Sie *selbst aktiv werden,* die *Verantwortung übernehmen,* sich entscheiden, *Lustsubjekt* zu *werden,* und *Zeit, Übung und Mut für neues Lernen aufbringen.*
7. *Zuerst fangen Sie mit sich selbst an* (ohne Leistungsdruck, Beobachtung, Dreinreden des Partners), experimentieren und finden heraus, was Sie wirklich erregt. Dann bringen Sie dies in die Partnerschaft ein und verändern dementsprechend Ihre sexuellen Gewohnheiten.

8. *Masturbation ist wertvoll:* Frauen, die masturbieren, haben eine deutlich größere Wahrscheinlichkeit, zum Orgasmus zu gelangen. Das Orgasmusgefühl wird beim Masturbieren auch oft stärker empfunden. Übrigens onanieren heute die meisten Frauen (ca. 80 Prozent), obwohl wir fast alle negative Botschaften darüber bekommen haben (alle erdenklichen Warnungen, bis hin zum drohenden Rückenmarkschwund).
9. *Um zum Höhepunkt zu kommen, brauchen die meisten Frauen* ständige sexuelle Stimulation, und zwar genau entsprechend ihrer persönlichen Vorliebe. Wichtig ist auch, aktiv sein zu können, sich frei bewegen und gut atmen (auch keuchen) zu können und sich ganz auf die gegenwärtigen Gefühle zu konzentrieren.
10. *Wenn Sie nicht weiterkommen, prüfen Sie:*
    - ob Sie eine Veränderung wirklich und sofort wollen (oder verschieben Sie sie auf später, zum Beispiel auf den Urlaub ... oder auf wann?);
    - ob Sie auf eine Zauberlösung warten oder auf Hilfe von außen (zum Beispiel von einem Traummann). *Seelische Entwicklung* (auch sexuelle) *kommt* nur *von innen heraus!*
    - ob Sie in der Beziehung Ärger geschluckt haben, der zuerst ausgedrückt werden muß.

Die *Methoden,* die ich *in meinen Gruppen* anwende, sind folgende:

- Das Wichtigste ist die lockere, verständnisvolle, ehrliche und nahe *Atmosphäre in der Gruppe.* Trotz der Unterschiede duzen sich alle, tragen durch gegenseitiges Ermutigen, durch Bewunderung und Unterstützung, durch Kerzen und liebevoll vorbereitetes Essen (für die Intensivtage) zu einer derartigen Atmosphäre bei. Wesentlich sind hierfür auch die zwei Intensivtage (meist in privaten Wohnzimmern). Sie fördern ebenso die Entstehung von Vertrautheit, Nähe und Intensität wie das gemeinsame Lachen, Weinen, Schwitzen, das Sich-Anschreien (bei den Ärger-Übungen), das Einander-Zuhören, Helfen und Bestätigen in seinen Potentialen.
- Durch *offene Gespräche über Sexualität* lernen alle, generell freier darüber zu sprechen, und finden heraus, welche Worte ihnen persönlich liegen.
- *Meine Information* über die Ursachen sexueller Probleme, über Mythen, über statistische, anatomische und physiologische Daten und über

psychologische Aspekte der Sexualität *ist eine alternative, wachstumsfördernde Aufklärung.*
Eine wichtige Rolle spielt daneben der Gedankenaustausch der Gruppenteilnehmerinnen untereinander, die sich gegenseitig über ihre Erfolge und Entwicklungen berichten, denn mit jemandem aus den eigenen Reihen kann man sich besser identifizieren als mit einer Psychologin (so ist in dieser Gruppe zum Beispiel Ysabel sehr wichtig, wenn sie voll mitreißendem Enthusiasmus über ihr sexuelles Erwachen erzählt).

- Hinzu kommen *viele Übungen,* die wir in der Gruppe machen und die ich immer wieder variiere. Sie stammen aus der gewaltlosen körperzentrierten Psychotherapie (Focusing und Hakomi), aus der Atemtherapie, der Gestalttherapie, der Bioenergetik, aus der Sexualtherapie im engeren Sinne, aus Selbstsicherheitstrainings und Trainings zum fairen Streiten, aus dem kreativen Visualisieren und dem Tantra.
- *Einer der wichtigsten Faktoren sind die Hausaufgaben:* Sexuelle Entwicklung fällt nicht vom Himmel, sondern erfordert Zeit und Übung. Optimal wäre, sich täglich eine Stunde damit zu beschäftigen, mindestens jedoch drei Stunden wöchentlich. Mein Rat ist stets: »Mach dich für eine Weile zur wichtigsten Person in deinem Leben, dann wirst du wachsen!« Allein die Tatsache, daß man sich regelmäßig Zeit für sich selbst und seine Bedürfnisse nimmt, wirkt sich positiv auf das Selbstwertgefühl und die Eigenverantwortlichkeit aus.
- *Verbot von Geschlechtsverkehr* (bis Kursende): Dies ist eine dringende Empfehlung, die ich inzwischen auch meinen VHS-Gruppen immer wieder ans Herz lege (in der beschriebenen Gruppe allerdings noch mit wenig Nachdruck). Damit mache ich sehr gute Erfahrungen. Natürlich hilft es, wenn der Leistungs- und Erwartungsdruck von außen genommen wird. Wer immer *muß,* weil der Partner mehr oder früher will, kann gar nicht in den Genuß kommen, zu spüren, wie schön es ist, wenn man selbst gerne Sex *will.*
- Wir gehen zusammen in eine schöne *gemischte Sauna* und anschließend in einen *Pornoladen.*

Was die **Ziele** betrifft, so geht es mir nicht primär um den Orgasmus, sondern um *mehr Sexualbewußtsein,* Eigenverantwortung und Initiative für das eigene Wohlbefinden (die eigenen Bedürfnisse) und um ein ganzheitliches Gefühl von Befriedigung, Stärke und Selbstwert als Frau. Jede Frau kann ihre individuellen Ziele in ihrem eigenen Tempo und auf ihre eigene

Art angehen. Wenn sie *sich selbst wiederentdeckt* und anfängt, *die Lösung ihrer Probleme selbst in die Hand zu nehmen,* habe ich mein Hauptanliegen erreicht.

*Schwerpunkte meiner Arbeit:* Anfangs geht es uns um den Abbau sexueller Hemmungen und Ängste, später mehr um den Aufbau lustvoller Empfindungen. Dabei arbeite ich in drei Bereichen:

1. Am *Bewußtmachen und Korrigieren der Barrieren im Kopf,* das heißt der negativen Botschaften über Sexualität durch Arbeit an der sexuellen Biographie. Ausgangspunkt ist die Hausaufgabe, die eigene sexuelle Biographie durchzugehen (Einstellung der Eltern zur Sexualität, zur Rolle der Männer und Frauen; verbale gegenüber nonverbalen Botschaften; Erfahrungen bei Doktorspielen, beim Onanieren, bei der ersten Periode, beim ersten Geschlechtsverkehr; Aufklärung und traumatische sexuelle Erlebnisse). In der Gruppe folgen dazu eine Reise in die Kindheit, Austausch in kleinen Gruppen, Benennen der Botschaften und Finden neuer, erlaubender Botschaften und deren Verankerung im Körper.
2. Im *Bereich des Selbstbewußtseins* und selbstsicheren Verhaltens beginnen wir mit der »Ja/Nein-Übung«, die darin besteht, sich jeden Tag etwas bewußt zu erlauben und bewußt etwas abzulehnen. Am ersten Intensivtag machen wir in der Gruppe verschiedene Übungen aus Selbstsicherheits- und Aggressionstrainings, um neue, selbstsichere Fertigkeiten zu üben und Ventile für den direkten **Ausdruck von Ärger** zu öffnen. Gleichzeitig wird der enge Zusammenhang zwischen Sexualität und Aggression erkannt und die Erfahrung gewonnen, daß Streiten verbindet. (Ich empfehle die Bücher von George Bach, vor allem »Keine Angst vor Aggression« und ein Training »Kreative Aggression« an der VHS.)
3. Durch den ganzen Kurs zieht sich *das Anfreunden mit dem eigenen Körper:* statt uns mit anerzogenen Abneigungen oder Vergleichen mit den genormten Schönheitsmodellen in Illustrierten zu quälen, müssen wir lernen, uns wirklich anzuschauen, unseren Körper genau zu kennen und zu achten. *Dazu dienen zum Beispiel folgende Hausaufgaben* (alle allein, in einer schön und liebevoll gestalteten Atmosphäre durchgeführt):

- Sich dreißig Minuten nackt im Spiegel anschauen (bis Sie Vorurteile und Abwertungen überwunden und sich selbst in Ihrer Ganzheit entdeckt haben);

- den Körper liebevoll eincremen und anschließend nackt erkunden, *wo* und *wie* Sie gerne berührt werden möchten (dabei mit verschiedenen Berührungsarten und Materialien experimentieren);
- mit den eigenen Genitalien vertraut werden (anschauen, riechen, schmecken – und dabei weiteratmen!).
- Die Kegelübungen (als Beckenbodenmuskel-Übungen in der Geburtsvorbereitung bekannt) will ich hier besonders erwähnen. Sie dienen dazu, den »PC-Muskel«, der die Plattform für den Orgasmus bildet, besser zu durchbluten und zu trainieren. Man findet den richtigen Muskel, indem man auf der Toiletten beim Urinieren mehrfach stoppt und wieder laufen läßt oder einen Finger leicht in die Vagina steckt und dann beim Anspannen des richtigen Muskels die Kontraktion rund um den Finger spürt (Oberschenkel- oder Bauchmuskeln dabei nicht bewegen). Die Übungen haben den Vorteil, daß Sie sie überall unbemerkt machen können (in der Trambahn, beim Warten an der Kasse etc.). Ich gebe meistens folgende vier Übungen auf:

**a)** Den Muskel jeweils drei Sekunden lang zusammenziehen, dann entspannen, wieder zusammenziehen etc. (10×).

**b)** Stellen Sie sich einen Tampon (oder Penis) vor der Vaginalöffnung vor und versuchen Sie, ihn in die Vagina zu saugen bzw. zu ziehen (man kann auf diese Weise, durch Ansaugen und Auspressen von Wasser, in der Badewanne seinen eigenen Springbrunnen erzeugen).

**c)** Die »Vibrier«-Übung geht wie **a)**, nur ganz schnell hintereinander (wie bei »Fischers Fritze fischt frische Fische«).

**d)** Wir stellen uns den PC-Muskel als Fahrstuhl vor, beginnen im Erdgeschoß, gehen langsam in den ersten Stock, dann in den zweiten, den dritten, den vierten Stock und schließlich noch etwas weiter, bis er oben einrastet. Dann gehen wir langsam Stockwerk für Stockwerk wieder zurück und schließlich einmal in den Keller (angenehmes Loslassen und Sich-Öffnen, in dem wir allerdings nicht für immer bleiben können, da wir uns oft schützen müssen).

- Schreiben Sie einen Brief von Ihren Genitalien an Sie selbst, in dem Sie deren Bedürfnisse und Gefühle ausdrücken (zum Beispiel: »Liebe Eva, Du behandelst mich wie ein Stiefkind ..., viele Grüße, Deine Klitoris«).
- Malen Sie ein liebevolles Bild von Ihren Genitalien (in der nächsten Sitzung zeige ich dazu die schönen Bilder von weiblichen Genitalien einer New Yorker Künstlerin).

Etwa zu diesem Zeitpunkt findet meistens der zweite Intensivtag statt, an dem wir viele Übungen aus der Bioenergetik machen, zusammen schwitzen, keuchen, stöhnen, Hemmungen überwinden und gute Gefühle im Beckenbereich erleben.

Neben weiteren Gesprächen mit individuellen Beratungen folgen Übungen aus Hakomi-Therapie und Focusing sowie eine Tiefenentspannung mit Phantasiereise, bei der jede Frau erlebt, wie sie unter für sie optimalen Bedingungen Sex macht, es vollkommen genießt und sich alles erlaubt.

- Die anschließend aufgegebenen Hausübungen beziehen sich auf verschiedene Arten von Masturbation, später unterstützt durch psychologische Hilfsmittel wie sexuelle Phantasien, Pornographie und erotische Literatur.
- Die letzten Aufgaben beziehen den Partner ein und gehen ebenfalls schrittweise vor.

Zum Schluß möchte ich noch erwähnen, was ich an den VHS-Gruppen oft schwierig finde: Durch die niedrigen Preise entsteht eine Art Konsumorientierung (wenn zum Beispiel mehrere Kurse gleichzeitig gebucht werden, aber keine Zeit für die begleitende persönliche Arbeit zu Hause bleibt), und die Motivation zu den Hausaufgaben ist deshalb verringert. Es gibt aber keine Zauberlösung, die vom Himmel fällt.

**Seelische Probleme sind so, daß nur wir selbst sie lösen können.**
Seelische Entwicklung kommt, wie gesagt, von innen heraus. Psychotherapeuten sind nur eine Art Bergführer (mit Überblick, Erfahrung auf dem Gebiet etc.), den Weg **gehen müssen Sie selbst.**

# Der Statistiker

Für die Männer sind Frauen immer noch ein »Rätsel«. Die Wissenschaftler werden aus ihnen offenbar auch nicht so recht klug. Sie haben die Frauen landauf, landab, quer durch alle Schichten eindringlichen Befragungen unterzogen, in »Unterstichproben« die »Freudschen Verführungstheorien« überprüft, unter besonderer Berücksichtigung »frühkindlicher, kindlicher und jugendlicher Sexual-Anamnesen«, streng gegliedert nach »anorgasmischen und oligorgasmischen« Frauen. Nun ist man so klug wie zuvor, weiß, daß viele Frauen viele Bedürfnisse haben und auf viele Arten glücklich oder unglücklich sein können. Vor allem aber gibt es viele Zahlen, die alles – oder nichts – über Frauen und ihr Verhältnis zur Sexualität sagen.

Dennoch sind die bei den Umfragen gesammelten »Daten« wichtig. Und sei es nur, um zu erfahren, wie »normal« es ist, zu masturbieren oder es zu lassen. Professor Werner Habermehl von der »Gesellschaft für erfahrungswissenschaftliche Sozialforschung« (GEWIS) in Hamburg hat 2000 Frauen im Alter zwischen 16 und 60 Jahren nach Liebe, Treue, ihren sexuellen Bedürfnissen, Ängsten und Problemen befragt. Mit ihm sprach ich über die »nackten Zahlen« und ihre Hintergründe (Einfluß der Erziehung, Elternhaus etc.).

**1. Wie viele Frauen haben Orgasmusschwierigkeiten?**
*Frage nur an Frauen, die zur Zeit einen Partner haben: »Wie oft haben Sie mit Ihrem derzeitigen Partner beim Geschlechtsverkehr einen Orgasmus?*

| | Unter 20 | 20 bis unter 30 | 30 und älter |
|---|---|---|---|
| Nie | 3% | 2% | 2% |
| In weniger als einem Viertel aller Fälle | 16% | 10% | 8% |
| In weniger als der Hälfte aller Fälle | 19% | 16% | 15% |
| In weniger als Dreiviertel aller Fälle | 10% | 8% | 8% |
| In über Dreiviertel aller Fälle | 24% | 35% | 38% |
| Immer | 28% | 29% | 29% |

(Frauen zwischen 18 und 39)

*»Wie oft haben Sie beim Geschlechtsverkehr einen Orgasmus?«*

| | |
|---|---|
| Immer | 23% |
| Meistens | 41% |
| 50 zu 50 | 16% |
| Selten | 15% |
| Nie | 5% |

(Frauen zwischen 16 und 60)

*»Welche sexuellen Probleme haben Sie selbst schon gehabt?«*

| | |
|---|---|
| Orgasmusschwierigkeiten | 32% |
| Schmerzen beim Geschlechtsverkehr | 49% |
| Nachlassen des sexuellen Interesses am Partner | 29% |
| Übermäßige Selbstbefriedigung | 1% |
| Perverse Neigungen | 2% |

(Frauen zwischen 16 und 39)

*»Finden Sie sexuelle Befriedigung auch ohne Orgasmus?«*

| | |
|---|---|
| Ja | 44% |
| Nein | 15% |
| Manchmal | 41% |

(Frauen zwischen 16 und 60)

*Frage nur an Frauen, die manchmal Orgasmusschwierigkeiten haben: »Was haben Sie schon alles getan, um Ihre Orgasmusschwierigkeiten zu überwinden?«*

| | |
|---|---|
| Gespräch mit Freundinnen | 87% |
| Bücher, Zeitschriftenartikel lesen | 91% |
| Bei der Selbstbefriedigung verschiedene Techniken ausprobieren | 67% |
| Besuch beim Arzt oder Therapeuten | 4% |
| Besuch in einer Sexualberatungsstelle | 2% |
| Brief an einen Sexualberater schreiben | 3% |
| Bei einem Sexualberater anrufen | 2% |
| Sonstiges | 28% |

(Frauen zwischen 18 und 60)

**2. Wie viele gehen fremd?**

*»Sind Sie schon mal fremdgegangen?«*

| | Unter 30 | 30 und älter |
|---|---|---|
| Noch nie | 48% | 51% |
| Einmal | 27% | 25% |
| Zwei- bis dreimal | 10% | 10% |
| Viermal oder öfter | 15% | 14% |

(Frauen zwischen 18 und 39)

*»Sind Sie schon mal fremdgegangen?«*

| | |
|---|---|
| Nein | 54% |
| Einmal | 24% |
| Mehr als einmal | 22% |

(Frauen zwischen 16 und 39)

*»Gehen Sie zur Zeit fremd?«*

| | Unter 30 | 30 und älter |
|---|---|---|
| Ja | 8% | 9% |
| Nein | 92% | 91% |

(Frauen zwischen 18 und 39)

*»Hätten Sie Lust, mal (wieder) fremdzugehen?«*

| | |
|---|---|
| Ja | 17% |
| Nein | 83% |

(Frauen zwischen 16 uns 39)

### 3. Wie stehen Frauen zur Selbstbefriedigung?

*»Wie oft befriedigen Sie sich selbst?«*

| | Unter 20 | 20 bis unter 30 | 30 und älter |
|---|---|---|---|
| Nie | 64% | 49% | 55% |
| Seltener als einmal im Monat | 23% | 35% | 32% |
| Öfter | 13% | 16% | 13% |

(Frauen zwischen 16 und 39)

*»Wie oft masturbieren Sie?«*

| | |
|---|---|
| Seltener als einmal im Monat | 42% |
| Öfter | 54% |
| Fast täglich | 4% |

(Frauen zwischen 16 und 60)

*»Wann haben Sie Pornos gern?«*

| | |
|---|---|
| Nie | 45% |
| Bei der Selbstbefriedigung | 22% |

(Frauen zwischen 18 und 39)

### 4. Wie viele Frauen geben sexuellen Schwierigkeiten die Schuld daran, daß es in ihrer Partnerschaft nicht klappt?

*Frage nur an Frauen, die zur Zeit einen Partner haben: »Was stört Sie manchmal sexuell in ihrer Partnerschaft?«*

| | |
|---|---|
| Der Sex ist zu sehr zur Routine geworden | 37% |
| Der Alltagsärger vergällt einem oft die Lust aufeinander | 33% |
| Mein Partner gibt mir zuwenig das Gefühl, daß er mich begehrt | 51% |

(Frauen zwischen 16 und 60)

**5. Wie wichtig ist für Sie Treue?**

*»Können Sie sich eine Partnerschaft ohne beiderseitige Treueverpflichtung vorstellen?«*

| | Unter 20 | 20 bis unter 30 | 30 und älter |
|---|---|---|---|
| Kann ich mir vorstellen | 31% | 32% | 38% |
| Ist für mich unvorstellbar | 69% | 68% | 62% |

(Frauen zwischen 16 und 39)

*»Könnten Sie Ihrem Partner vergeben, wenn er fremdgehen würde?«*

| | |
|---|---|
| Ja | 55% |
| Nein | 8% |
| Weiß nicht | 37% |

(Frauen zwischen 16 und 60)

*»Haben Sie zur Zeit Sex-Partner?«*

| | Unter 20 | 20 bis unter 30 | 30 und älter |
|---|---|---|---|
| Keinen | 33% | 19% | 12% |
| Einen | 65% | 78% | 77% |
| Mehr als einen | 2% | 3% | 11% |

(Frauen zwischen 16 und 39)

*Frage nur an Frauen, die zur Zeit einen Partner haben: »Wie treu sind Sie und Ihr Partner?«*

| | |
|---|---|
| Wir sind beide treu | 59% |
| Wir versuchen, treu zu sein; aber ab und zu sind wir beide oder einer von uns untreu | 28% |
| Wir haben eine offene Partnerschaft | 13% |

(Frauen zwischen 16 und 60)

*»Finden Sie es normal, wenn eine Frau außereheliche Beziehungen hat?«*

| | |
|---|---|
| Ja | 26% |
| Nein | 74% |

(Frauen zwischen 16 und 60)

**6. Fällt es Frauen schwer, nein zum Partner zu sagen?**

*»Sind Sie mit Ihrer Geschlechtsverkehrshäufigkeit zufrieden?«*

| | |
|---|---|
| Ja | 55% |
| Würde lieber häufiger Geschlechtsverkehr haben | 33% |
| Würde lieber seltener Geschlechtsverkehr haben | 12% |

(Frauen zwischen 16 und 60)

**7. Haben Sie Schuldgefühle, Ihrem Partner nicht zu genügen? Spielen Sie eher einen Orgasmus oder eine Erregung vor, statt zu gestehen: Ich habe nichts davon?**

*»Haben Sie schon mal einen Orgasmus vorgetäuscht?«*

| | |
|---|---|
| Ja | 64% |
| Nein | 46% |

(Frauen zwischen 16 und 60)

**8. Wie viele Frauen haben bisher nur mit einem Mann sexuelle Erfahrungen gehabt?**

*»Wie viele Sex-Partner hatten Sie bisher insgesamt?«*

| | Unter 20 | 20 bis unter 30 | 30 und älter |
|---|---|---|---|
| Keinen | 22% | 7% | 4% |
| Einen | 30% | 23% | 14% |

(Frauen zwischen 16 und 39)

*»Wie viele Sexualpartner haben Sie schon gehabt?«*

| | |
|---|---|
| Keinen | 3% |
| Einen | 13% |

(Frauen zwischen 16 und 60)

**9. Wie wichtig ist Sexualität in Ihrem Leben?**

*»Bitte ordnen Sie die folgenden Punkte nach der Wichtigkeit für Ihr persönliches Glück«:*

| | Rangplatz |
|---|---|
| Liebe | 1 |
| Gesundheit | 2 |
| Familie | 3 |
| Freunde | 4 |
| Geld | 5 |
| Freizeit | 6 |
| Sex | 7 |
| Arbeit | 8 |

(Frauen zwischen 16 und 60)

*»Könnten Sie sexuelle Beziehungen zu jemandem haben, den Sie überhaupt nicht lieben?«*

| | Unter 20 | 20 bis unter 30 | 30 und älter |
|---|---|---|---|
| Könnte ich | 16% | 21% | 29% |
| Wäre mir unmöglich | 84% | 79% | 71% |

(Frauen zwischen 16 und 39)

*»Wie oft sehen Sie Porno-Videos?«*

| | |
|---|---|
| Nie | 52% |
| Seltener als einmal im Monat | 44% |
| Öfter | 5% |

(Frauen zwischen 18 und 39)

*»Wo waren Sie in den letzten zwölf Monaten mindestens einmal?«*

| | |
|---|---|
| Peep-Show | 4% |
| Nachtbar | 7% |
| Striptease-Lokal | 2% |
| Bordell | 1% |
| Sexkino | 5% |
| Porno-Abteilung im Video-Shop | 8% |
| Sexshop | 8% |

(Frauen zwischen 18 und 39)

*»Nehmen Sie einmal an, daß ein fester Partner seine sexuelle Attraktivität für Sie verliert: Könnten Sie trotzdem bei ihm bleiben?«*

| | |
|---|---|
| Ja | 70% |
| Nein | 30% |

(Frauen zwischen 16 und 60)

## 10. Hat die sogenannte Sexwelle den Frauen geholfen oder sie eher unter Leistungsdruck gesetzt?

*»Von wem soll beim Sex die Initiative ausgehen?«*

| | |
|---|---|
| Eher von mir | 19% |
| Eher von ihm | 81% |

(Frauen zwischen 18 und 39)

*»Wie ist Ihr gegenwärtiges Sexualleben?«*

| | 1978 | 1988 |
|---|---|---|
| Befriedigend | 71% | 65% |
| Unbefriedigend | 29% | 35% |

(Frauen zwischen 18 und 60)

**11. Ist der Partner nur dann zärtlich, wenn er sexuellen Kontakt haben will?**

*»Was stört Sie manchmal bei Ihrem Partner?«*

| | |
|---|---|
| Partner ist nur zärtlich, wenn er Sex will | 44% |

(Frauen zwischen 18 und 60)

**12. Sagen Frauen ihrem Partner, was sie im Bett wollen? Oder denken sie eher nur daran, was er will?**

*»An wen wenden Sie sich, wenn Sie sexuelle Probleme haben?«*

| | |
|---|---|
| Partner | 54% |
| Arzt, Therapeut | 13% |
| Sonstige | 28% |
| Niemand | 28% |

(Frauen zwischen 16 und 60)

*»Wenn Sie sexuell nicht ganz zufrieden sind: Sagen Sie Ihrem Partner dann, was Sie sich wünschen?«*

| | |
|---|---|
| Immer | 35% |
| Manchmal | 54% |
| Selten | 7% |
| Nie | 4% |

(Frauen zwischen 18 und 60)

**13. Wie gravierend ist der Einfluß der Erziehung (Elternhaus) auf die spätere Sexualität?**

Für die Beantwortung dieser Frage wurden zwei gleich große Gruppen gebildet: in der ersten ausschließlich Frauen mit Orgasmusproblemen, in der zweiten Frauen ohne Schwierigkeiten. Jede einzelne Frau wurde gefragt, wie sie als Kind oder als Jugendliche Sexualität übermittelt bekam oder erlebte. Insgesamt wurden sechzig Frauen befragt.

*Ergebnis:* Von den Frauen mit Orgasmusschwierigkeiten konnten sich bis auf eine einzige Ausnahme alle Frauen »an tendenziell gewaltsame Eingriffe in ihre sexuelle Entwicklung« erinnern. Bei der Frauengruppe ohne Orgasmusprobleme waren es nur acht der dreißig Frauen.

Zu den interessantesten Befunden der Umfrage gehörte die Feststellung, daß insbesondere Frauen, die in einer extrem prüden Umgebung aufgewachsen waren, kaum Orgasmusprobleme kannten. Es handelte sich um Familien, in denen die Eltern sich nie nackt vor ihren Kindern zeigten. Vater wie Mutter hängten vielmehr wie selbstverständlich ein Handtuch vor das Schlüsselloch des Badezimmers, wenn sie in die Wanne stiegen oder sich »unterhalb der Gürtellinie« wuschen. Daß nie über Sexualität gesprochen wurde, daß sexuelle Anspielungen oder gar Zoten verpönt waren, verstand sich von selbst. Die Eltern dieser Frauen griffen jedoch auch nie in irgendeiner Weise aktiv in das Sexualleben des neugierigen Kindes oder des reifenden Teenagers ein. Sie bestraften weder Masturbation noch Doktorspiele. Alles Sexuelle, das sie bei ihrer Tochter bemerkten, übergingen sie, als sei es nicht vorhanden.

Die stärkste Beeinträchtigung der Orgasmusfähigkeit wurde bei Frauen festgestellt, die einschneidende traumatische Erlebnisse in der Kindheit hatten. Ein charakteristischer Fall ist die heute sechsunddreißigjährige Angstellte einer Weltfirma in Hamburg. Sie war im frühesten Alter immer wieder Zeugin, wie ihr Großvater ihre Mutter bedrängte. Der Mann, der damals Mitte Fünfzig war, wollte seiner Tochter eine inzestuöse Beziehung aufzwingen. Ohne Erfolg zwar – aber mit den seelischen Schäden, die seine Enkelin aus diesen Erlebnissen davontrug und unter denen sie bis heute leidet.

Andere Fälle einschneidender Traumata: Das Mädchen, das im Schlafzimmer seiner Eltern schlief und dort die als heftig oder sogar brutal wahrgenommene Sexualität der Eltern erleben mußte. Oder das für sein Masturbieren streng bestrafte oder mit entsprechenden Drohungen überschüttete Mädchen. Und natürlich die als Kind sexuell mißbrauchte Frau.

Noch völlig ungeklärt sind allerdings die spezifischen Zusammenhänge zwischen traumatischen Sexualerfahrungen in Kindheit und Jugend einerseits, und Störungen und Auffälligkeiten der Erwachsenensexualität andererseits. Unzweifelhaft ist nur das ursächliche Verhältnis zwischen Anorgasmie bzw. Oligorgasmie und gewaltsamen Eingriffen in die geschlechtliche Entwicklung.

Doch auch dieses Ergebnis muß noch einmal eingeschränkt werden. Denn es gilt nur für Frauen. Bei Männern besteht ein vergleichbarer Zusammenhang eindeutig nicht.

# Der Mediziner

*Dr. Stefan Molnár, Facharzt für Urologie und Chirurgie, ist Leiter des Ambulatoriums der »Forschungsgemeinschaft für Diagnostik und Therapie psychosomatischer Sexualstörungen bei Männern« e. V. in München.*

Wenn man von Sexualstörungen bei der Frau spricht, denkt man unwillkürlich an komplizierte seelische Vorgänge und vergißt dabei den Körper, die organische Funktion. Umgekehrt beim Mann. Man schaut primär auf das schlaffe Glied, sucht nach einem organischen Defekt und beschuldigt nur sekundär die Psyche.

Die Sexualität bei Mann und Frau ist nur bei guter organischer Funktionalität möglich. Sie wird gesteuert, ausgelöst und kontrolliert von einem Zentrum im Gehirn, einer psychischen »Computerzentrale«, gespeichert mit ererbten und neu hinzugekommenen Informationen. All diese Informationen sind sehr persönlich und individuell verschieden. Und genauso individuell sind auch die Fehlsteuerungen und, als deren Folge, die Sexualstörungen. Mit anderen Worten: wir haben eine komplizierte Steuerung (die Psyche) und einen komplizierten Motor (die Geschlechtsorgane). Bei der Frau schaut man auf die Psyche und vergißt den Motor. Der Mann möchte immer erst den Motor reparieren lassen.

Verblüffend ist in der Sexualität die große Ähnlichkeit der körperlichen und organischen Vorgänge bei Mann und Frau – und die große Verschiedenheit der psychischen Reaktionen.

Bei Mann und Frau erweckt die sexuelle Erregung die Geschlechtsorgane aus ihrem Ruhezustand und verwandelt sie in taugliche Instrumente für den Geschlechtsverkehr. Das schlaffe Glied wird steif, und die trockene Scheide wird zum feuchten und prallen Aufnahmeorgan.

Die sexuellen Reaktionen bei Mann und Frau bestehen aus zwei getrennten Phasen. Die Potenz des Mannes ist die Gliedsteife, die Potenz der Frau das Feuchtwerden und Anschwellen der Geschlechtsteile. Der Samenerguß beim Mann entspricht dem Orgasmus der Frau. Der Mann hat, grob gesehen, zwei *sexuelle Störungen,* die Impotenz auf der einen Seite und den verzögerten Samenerguß oder den zu schnellen Samenerguß auf der anderen Seite. Ähnlich bei der Frau. Die sexuell nicht ansprechbare Frau ist wie der Mann mit Erektionsschwierigkeiten unfähig, auf sexuelle Reize mit Feuchtwerden der Scheide und Blutfülle zu reagieren. Die sexuell ansprechbare, aber an einer Orgasmusstörung leidende Frau hat wie der Mann mit gehemmtem Samenerguß Schwierigkeiten, ihren Orgasmusreflex zur Auslösung zu bringen.

Frauen können zum Orgasmus kommen durch Reizung der Klitoris (klitoraler Orgasmus) oder durch den normalen Geschlechtsverkehr (vaginaler Orgasmus). Der orgastische Reflex ist der Psyche und deren Hemmungen unterworfen. Ein anorgastischer Zustand ist eine Hemmung. Frauen, die unfähig zu einem normalen Orgasmus sind, werden frigide genannt. Die Frauen sind für das Lustempfinden gut ausgerüstet, da die Klitoris im Gegensatz zum Penis das einzige Organ des Menschen ist, das ausschließlich der Lustvermittlung dient. Die männliche Lust steigt schnell an. Wenn sie eine gewisse Schwelle erreicht hat, vollzieht sie sich und erstirbt mit dem Samenerguß. Bei der Frau durchstrahlt der Genuß den ganzen Körper, ihrer Lust ist kein bestimmtes Ende gesetzt.

Der Mann begeht einen schweren Fehler, wenn er seiner Partnerin seinen eigenen Rhythmus aufzwingen will und denkt, ihr einen Orgasmus verschaffen zu müssen. Oft erreicht er dabei das Gegenteil. Er zerstört die Lust, die sie auf ihre besondere Art zu durchleben begonnen hatte. Nicht eine mathematische Synchronisierung der Lust ist wichtig, wie peinlich genaue Männer vereinfachend meinen, sondern die Herstellung einer liebevollen erotischen Gesamtform. Oft ist das schon deswegen nicht möglich, weil der Mann nach dem Koitus schlafen, eine Zigarette rauchen oder an die frische Luft gehen will. Und die Frau die körperliche Berührung fortsetzen möchte. Ein Liebhaber, der sich plötzlich von seiner Partnerin abwendet, ist ein schlechter Liebhaber.

**Sexualstörungen**

Mann und Frau haben ähnliche Sexualstörungen: Potenzlibido und Orgasmusstörungen. Die Potenzstörung des Mannes ist die ungenügende Gliedsteife, die Impotenz der Frau ist die trockene Scheide ohne Blutfülle beim Geschlechtsverkehr. Die Libido ist ein jedem Menschen angeborener Sexualtrieb, der aber bei beiden Geschlechtern sehr stark der Formung der Persönlichkeit unterliegt.

Zu betonen ist, daß die Orgasmusstörungen der Frau, die ebenso psychische Ursachen haben wie beim Mann, bei der Frau häufig einen großen Leidensdruck erzeugen. Die Frau kann Minderwertigkeitskomplexe und andere hieraus resultierende nervöse Störungen entwickeln. Demgegenüber verspürt der Mann sein Unvermögen, wenn er die Frau nicht befriedigen kann. Er ist enttäuscht und fühlt sich oft als Versager.

Die Frau, das angeblich »schwächere Geschlecht«, hat zusätzlich zum Mann noch zwei Sexualstörungen, die sie bewußt oder unbewußt als Waffe einsetzt oder einsetzen kann. Diese sind der Vaginismus und die Schmerzen bei und nach dem Geschlechtsverkehr. Beim Vaginismus handelt es sich um eine reflektorische Verkrampfung der Beckenbodenmuskulatur als Abwehrreflex. Das Einführen des Gliedes wird dadurch verhindert. Die Ursache des Vaginismus ist immer psychisch. – Schmerzen während und nach dem Geschlechtsverkehr entstehen oft ebenfalls aus psychischen Gründen. Häufig ist es Abneigung vor dem Geschlechtsverkehr. Das Partnerproblem spielt bei solchen Unterleibsschmerzen nicht selten eine ursächliche Rolle. Selbstverständlich haben Unterleibsschmerzen nicht nur psychische, sondern auch organische Ursachen (Entzündungen der Scheide, der Gebärmutter, der Anexe, Blasen- oder Darmerkrankungen, Tumore).

Der Mann drückt Machtansprüche und Haß durch Potenz aus, zum Beispiel durch sexuelle Forderungen, die oft jeder Zärtlichkeit entbehren und deren Hauptziel die Unterwerfung der Partnerin ist. Die Frau hingegen setzt sexuelle Störungen ein, um Macht auszuüben oder sich zu widersetzen. Bei den ungleichen Machtverteilungen zwischen den Geschlechtern sind sexuelle Störungen oft eine der wenigen Möglichkeiten der Frau, sich gegen den Mann zu behaupten. Die Zurückhaltung der Frau provoziert die Wünsche des Mannes nach Sexualität. Er gerät mehr und mehr in die sexuelle Offensive, stellt Forderungen, startet Initiativen, wendet Gewalt an.

In diesem Machtkampf ist die Potenz die Waffe des Mannes, charakterisiert durch die Offensive. Das Machtmittel der Frau ist Lustlosigkeit und Widerwillen, charakterisiert durch die Defensive. Sie wird aktiv eingesetzt, um Druck und Zwang auszuüben. Und zwar oft von Frauen, die passiv erscheinen. Bei Beziehungskonflikten ist die Sexualität oft ein Regulativ, das, schlecht dosiert und falsch eingesetzt, nicht zur Lösung der Probleme führen kann.

Die sexuelle Störung ist oft auch die beste Flucht der Frau vor bedrohlicher Nähe. Sie schützt sich, sie möchte nicht noch ein Stück ICH aufgeben. Hauptsächlich nicht in Situationen, in denen sie die Schwächere ist, zum Beispiel nach der Geburt eines Kindes, wenn sie sich aus dem Berufsleben zurückzieht, um Hausfrau zu werden. Es bleibt ihr keine andere Distanzierungsmöglichkeit als im sexuellen Bereich.

Die Behandlung der Sexualstörungen der Frau muß wie bei jeder Krankheit ursächlich sein. Gibt es eine organische Krankheit, muß die Grundkrankheit erst einmal erfolgreich behandelt werden. Sind es psychische Ursachen, sind die indizierten Behandlungsformen eine Psychotherapie oder in einfachen Fällen auch Beratungen.

Eine Vielzahl sexueller Probleme kann durch Beratung eines oder beider Partner in einer oder in wenigen Sitzungen behoben werden. Die Methode von Masters und Johnson hat sich auch in komplizierten Fällen bewährt, wenn eine feste Partnerschaft besteht, die beide fortsetzen wollen, und der symptomfreie Partner kooperationswillig ist.

Hat der Mann unabhängig von den Sexualstörungen seiner Partnerin oder als Folge davon Potenzprobleme, sollten diese unbedingt sofort medizinisch abgeklärt und behoben werden, um den Teufelskreis Versagen – Leistungszwang – Versagensangst und wieder Versagen schnell zu unterbrechen.

*MOTTO:*

Man kann mit viel Gefühl und Seele Geige spielen. Leider reicht dazu die Seele nicht aus. Man braucht auch die Geige.

# Die Frauen

*Katharina T., 35, Erzieherin, derzeit Hausfrau. Seit 6 Jahren verheiratet, Zwillinge mit 8 Jahren. Mann 39, Busfahrer.*

Wenn mein Mann zu mir kommen und sagen würde, zum Teufel noch mal, ich hab's jetzt satt mit dir, ich such' mir eine andere Frau, – ich könnte ihn verstehen. Ein anderer Mann wäre vielleicht schon längst davongelaufen.

Wir sind jetzt seit zehn Jahren zusammen. Schwierigkeiten auf sexuellem Gebiet hatten wir von Anfang an. Sonst läuft es eigentlich trotzdem gut mit uns, jedenfalls zwischendurch. Und dann kommen immer wieder Phasen voller Unzufriedenheit, Streit, Verständnislosigkeit. Ich führe das hauptsächlich auf unsere Schwierigkeiten im Bett zurück. Ich bin in diesem Bereich ein Versager. Ich kann nicht hundertprozentig sagen: ich hab' überhaupt nicht das Bedürfnis nach Sexualität. Vielleicht habe ich es ja unterschwellig, lasse es nur nicht hochkommen. Vielleicht ist es für mich einfacher, es fernzuhalten, zu unterdrücken.

Es macht mir schon auch Spaß, wenn mein Mann mich anfaßt und streichelt. Das ist manchmal schon schön für mich. Und dann ist es, zack, irgendwann von einer Sekunde auf die andere aus und vorbei. Und dann denk' ich, Herrgott, jetzt reicht es mir schon wieder. Der Andy, der ist schon zärtlich zu mir. Und das tut mir gut. Aber im Hinterkopf hab' ich immer die Angst, es wird gleich zu mehr führen, unweigerlich. Schon allein die Angst davor, daß es darauf hinausläuft, daß ich ja doch wieder mit ihm schlafen muß, lähmt mich, verkrampft mich. Ich hab' kein Bedürfnis nach Sexualität, ich brauch' das nicht fürs tägliche Leben. Der Andy, der würde schon öfters mit mir schlafen wollen. Aber ich kann es mit einer Pause von vier, fünf Wochen sehr gut ohne aushalten.

Daß ich ein so unbefriedigender Partner im Bett bin, ist etwas, das mir sehr zu schaffen macht. Ich denke oft, ich hab' den Andy eigentlich nicht verdient. Er könnte ja auch eine andere Frau haben, eine von denen, die auch Spaß daran haben, die ihn mehr befriedigen als ich. Aber er sagt, er geht nicht weg von uns, von mir und den Kindern. Das mache er nicht. Ich liebe ihn ja auch. Gerade deshalb empfinde ich es als um so schlimmer, daß ich mit meiner Unfähigkeit in der Sexualität unsere Beziehung so belaste. Und bestimmt auch gefährde. Bei mir hat er wirklich mehr Frust als Lust. Und welcher Mann hält das auf die Dauer aus. Für mich selber ist es ja auch nicht schön, daß ich frustriert bin, weil mein Mann mit mir schlafen will.

Andere sind eher frustriert, wenn der Mann nicht will. Bei mir ist es umgekehrt.

Wir waren zu Hause vier Kinder, alles Mädchen. Ich war die Jüngste. Bei uns daheim, da wurde nie groß geredet miteinander. Da wurde viel mehr aufs Äußere Wert gelegt. Darauf, wie man wirkt. Meine Eltern waren beide Lehrer. Da bist du im Dorf schon im Blickpunkt der Öffentlichkeit. Der Lehrer, der ist was auf dem Land, es wird auf ihn geschaut und auf seine Familie. Eben wie man nach außen wirkt. Wie es drinnen aussieht, interessiert ja keinen. Ich hab' zwar nie direkt von meinen Eltern gehört, du lieber Gott, was sagen nur die Nachbarn, aber es ist halt doch so gelebt worden. Mein Vater hat sich gerne mit seinen Töchtern geschmückt. Er ist gerne mit uns fortgegangen, wenn wir nett waren. Sonst hat er sich von der Familie ferngehalten, sich am liebsten hinter seiner Zeitung verschanzt.

Über Sexualität haben meine Eltern nie mit uns gesprochen. Die haben nicht mal was verboten, nicht mal »pfui« gesagt. Das gab es einfach nicht. Ich versuche mich immer wieder zu erinnern, ob da nicht doch irgend etwas irgendwann einmal gewesen ist, aber es kommt nichts. Außer, daß mich meine älteste Schwester einmal beiseite genommen und mich gefragt hat, ob ich wüßte, wie das überhaupt funktioniert zwischen Mann und Frau. Da war ich ungefähr vierzehn. Ich hab' gesagt, ja, freilich weiß ich das. Aber das war nicht wahr, ich hatte nur sehr nebulöse Vorstellungen. Ich hab' noch viele Jahre lang immer nur etwas geahnt, aber nichts genau gewußt. Irgendwann hab' ich es dann natürlich rausgekriegt. Aber nicht über Menschen, sondern über Bücher. Meine Schwestern haben mir viel später mal gesagt, daß sie die gleichen Schwierigkeiten gehabt haben. Vor Gefahren auf sexuellem Gebiet sind wir auch nicht gewarnt worden. Gefahren gab es nicht, weil es Sexualität nicht gab. Meine Mutter muß wohl auch überhaupt keinen Spaß daran gehabt haben. Einmal, da waren wir alle schon erwachsen, hat sie die Älteste von uns gefragt, ob »das« was Schönes sei.

Mein erster Mann im Bett war ein fürchterliches Erlebnis. Es hat wahnsinnig weh getan, und ich hab' geschrien. Und er hat mich hinterher wütend gefragt, warum ich so geschrien hätte. So etwas hätte er ja noch nie erlebt. Es wurde dann auch nie mehr was zwischen uns. Das war ein denkbar schlechter Start, in einem Untermietszimmer und die Wirtin nebenan. Aber mit dem Andy war es dann schon schöner, jedenfalls vom Seelischen her. Es ist mir bis heute allerdings ein Rätsel, wie wir zu den Kindern gekommen sind damals. Wir haben fast überhaupt nicht miteinander geschlafen. Wir haben natürlich auch nicht über Verhütung miteinander geredet, er hat sich nicht getraut und ich sowieso nicht. Er hat immer gesagt, ich sei so zart, so unantastbar für ihn. Und ich war so total verkrampft, daß kaum etwas ging. Es war ein furchtbares Rumgestöpsel.

Ich weiß nicht, ob ich jemals einen Orgasmus hatte. Ich weiß eigentlich gar nicht so recht, was das ist. Ich kann mich nicht hingeben, mich nicht gehenlassen. Ich kann es bis zu einer gewissen Grenze genießen – und dann ist es plötzlich aus. Dann fange ich an zu denken, mein Kopf schaltet sich ein. Dann fällt mir ein richtiger Mist ein. Was ich noch erledigen muß, was ich vergessen hab', was überübermorgen ist und so Zeug. Ich hab' das nach den ganzen Ratschlägen im Kurs ändern wollen, hab' es immer wieder probiert. Aber es wurde nicht viel daraus. Ich könnte einfach auch nie schreien oder stöhnen vor Lust. Da würde ich mich vor mir selber genieren. Bei meinem Mann bräuchte ich da keine Hemmungen zu haben, gerade bei ihm nicht. Das würde ihn nicht stören, ganz im Gegenteil. Aber ich kann nicht. Das belastet mich dann wieder so, daß ich denke, er hat halt doch die falsche Frau, er muß sich eine andere suchen. Er ist Skorpion. Und denen wird ein intensives Liebesleben nachgesagt. Er hat auch ein starkes sexuelles Interesse.

Was mich auch noch belastet, ist, daß ich einfach nicht über Probleme reden kann. Alle anderen, denke ich mir immer, reden und reden und reden. Bloß ich kann es nicht. Daß ich überhaupt in diesen Kurs ging, ist sowieso schon ein Wunder. Ich hab' den Katalog von der Volkshochschule aufgeschlagen und kam genau auf die Seite mit diesem Kurs »Frauen und Sexualität«. Das sprang mir ins Auge. Da hab' ich mir gedacht, um Gottes willen, nein, dieses Thema bringe ich überhaupt nicht über die Lippen. Und schon gar nicht in Gegenwart anderer. Und dann hab' ich's immer und immer wieder aufgeschlagen und es mir überlegt. Und irgendwann hab' ich mir einen Ruck gegeben und mir gedacht, so, jetzt pack' ich's. Weil mir ja auch klar war, die ganze Zeit, daß wir da Schwierigkeiten miteinander haben, der Andy und ich. Und daß die hauptsächlich von mir ausgehen. Mir fehlt nicht nur der Mut. Mir fehlen schon einfach die Worte, um über diese Schwierigkeiten sprechen zu können. Von mir aus fang' ich von dem Thema schon gleich gar nicht an. Und wenn es sich trotzdem ergibt und ich nicht aus kann, ist es total schwer für mich. Ich hab' Hemmungen, ich habe Angst. Außerdem genier' ich mich, daß ich so wenig Ahnung hab' über die ganzen Zusammenhänge. Manche können darüber ja die reinsten Doktorarbeiten halten. Ich nicht. Es ist seit dem Kurs etwas besser geworden. Aber wirklich nur etwas.

Aber sonst war der Kurs ungeheuer wichtig für mich. Schon allein deshalb, um einmal das Gefühl zu haben, daß ich nicht allein dastehe mit meinem ganzen Scheiß, den ich mit mir herumtrage. Daß es auch anderen so geht. Und daß es denen auch schwerfällt, darüber zu reden. Gut für mich war es auch, zu sehen, daß es auf der anderen Seite auch Frauen gibt, die viel leichter darüber sprechen, leicht sagen können: also das und das mache ich da wohl falsch, das und das kann ich noch nicht, das und das muß ich ändern. Daß es also möglich ist, sich dazu zu bekennen, es sich einzugestehen. Sich und anderen. Sehr wichtig war es für mich, daß wir, am Anfang, lauter Unbekannte waren. Wenn eine Freundin von mir dabeigewesen wäre, hätte ich das nie mitmachen können.

Allerdings weiß ich heute, fast ein Jahr nach dem Kurs, ganz sicher: Wenn man da nicht selber eisern am Thema bleibt, bringt es nichts. Man muß mitmachen, auch wenn's schwerfällt. Das hab' ich an mir selber gesehen. Wenn ich mehr mitgemacht hätte bei allem, hätt' es mir auch mehr gebracht. Aber ich hatte allein schon so viel damit zu tun, überhaupt meine Barrieren abzubauen, daß ich zu sehr viel mehr gar nicht gekommen bin. Aber es war ein erster Schritt. Ein guter erster Schritt. Es ist ein gemeinsamer Boden da in so einem Kurs. Da sind lauter Frauen, die nach einem Ausweg suchen. Bloß, was für einen Ausweg es überhaupt gibt, das wissen sie nicht. Mein Mann hat mir schon einmal vorgeschlagen, such dir einen anderen, vielleicht geht es dann besser. Aber das will ich doch gar nicht, einen anderen.

Der Andy weiß langsam auch nicht mehr, was er tun soll. Der hätt' bestimmt auch gerne eine Frau mit mehr Schwung. Ich kann ja noch nicht einmal richtig streiten. Wenn es Krach gibt zwischen uns, reagier' ich beleidigt und red' eine Woche nur das Nötigste. Er ist dann natürlich stinksauer. Das ist eine ganz ungute Situation. Ich könnte ihn ja auch irgendwie beschimpfen, was ich aber dann doch nicht mache. Das ist für mich irgendwie ein Schmarrn. Ich versuch' es zwar manchmal, aber bis ich das dann rauslass', das dauert. Meist enden solche Sachen im Monolog. Daß der Andy seinerseits seine Reden hält und ich werd' immer wortloser und irgendwann verstumm' ich ganz. Oder ich brech' in Tränen aus. Das kann er gar nicht leiden, weil er meint, ich würd' ihn damit unter Druck setzen. Das will ich gar nicht. Aber die Wut, die ich im Bauch hab', die ganze Verzweiflung oder Traurigkeit, die kann ich nicht rauslassen. Verbal bin ich wie zu, mir fehlen die Worte. Ich lauf' dann halt in Tränen aus.

Ich weiß, das ist ein ganz großer Fehler von mir, daß ich in Konfliktsituationen so zusperre. Nicht nur beim Andy. Auch bei Freunden oder Bekannten geh' ich Auseinandersetzungen aus dem Weg und sag' halt zu allem ja. Allenfalls hinterher fallen mir tolle Argumente ein, die ich dagegen hätte sagen können. Ich bewundere andere Frauen, die sich da wehren, auseinandersetzen können. Mir fehlt der Mut dazu. Sowenig, wie ich Konflikte austragen kann, sowenig kann ich auch sagen: Ich brauch' das jetzt, ich will das jetzt. Oder: Ich will das jetzt nicht. Im Kopf halt' ich oft stundenlang Reden mit meinem Mann. Aber wenn er dann in echt was drauf erwidert, ist das was ganz anderes als das, was ich mir ausgedacht hab' oder auf das ich mich vorbereitet hab'. Und dann ist es wieder schlagartig aus bei mir. Da hab' ich dann nur noch im Kopf, wie mein Vater einfach immer nur sagte: »Schweig!« Ganz knapp und scharf. Es war bei uns nicht üblich, daß die Kinder etwas zu sagen hatten. Wir hielten uns daran, wir waren so erzogen. Aber dieses »Schweig!«, das war furchtbar.

Ich weiß, daß der Kurs nur ein Anstoß sein konnte. Daß es danach von mir selber aus weitergehen muß. Ich habe die Befürchtung, ich bringe es nicht fertig, am Ball zu bleiben. Ich hab' ja noch nicht einmal die Hausaufgaben gemacht. Jedenfalls die meisten nicht. Die Briefe zum Beispiel, die hab' ich nicht geschrieben, weder den an meine Scheide noch den an meine Mutter. Mit dem Streicheln und Sich-Anschauen, das hab' ich schon versucht. Und dann war es so, daß ich im Spiegel wieder nur die Punkte gesehen hab', die mich an mir stören. Ich hab' mir nicht gutgetan, was ja der Zweck der Übung sein sollte. Ich hab' mir gleich wieder eins draufgegeben. Und deshalb habe ich es dann eben ganz bleibenlassen. Ich geb' schnell auf.

Gut fand ich diese Übung mit der ausgedachten Skulptur. Bei mir war da so ein Strand, den ich gesehen hab', im Hintergrund das Meer. Was da genau war, weiß ich nicht. Auf jeden Fall war das, was ich sah, zugedeckt. Von irgendeiner Decke oder was ähnlichem. Und unter dieser Decke, da hat sich was bewegt. Bloß, es kam nicht raus, solange ich auch hinschaute. Nach Auslegung von der Chris war das unter der Decke die Sexualität. Daß es die gibt, auch für mich. Und daß die in mir arbeitet. Aber raus kommt sie halt nicht.

Ich weiß, ich müßte mal die Decke wegziehen. Sprich: die Kontrolle. Aber genau das kann ich nicht. Ich bin immer viel zu kontrolliert, vom Kopf her. Statt daß ich einfach mal wirklich aus dem Bauch leb'. Ich bin so festgefahren. Veränderungen auch nur in Erwägung zu ziehen kostet mich eine Wahnsinnsüberwindung. Ich hab' auch Angst davor, was danach kommt. Man hat ja ein gewisses Bild von sich. Und dann könnte plötzlich was ganz anderes dabei herauskommen. Ich frag' auch den Andy schon lang nicht mehr, wie es ihm mit mir geht. Es könnt' ja sein, daß er sagt: schlecht.

Mein Problem in jeder Hinsicht ist: Ich hab's im Kopf, was zu machen wäre. Aber den Mut, die Energie dazu aufzubringen, das hab' ich nicht. Irgendwas hindert mich daran. Das wichtigste an dem Kurs war für mich wohl, daß mir eines ganz klar, ganz dringlich klargeworden ist: Es muß sich etwas ändern. Und dieses Ändern, das muß von mir ausgehen. Ich kann nicht dasitzen und warten, bis irgendeiner kommt und sagt, mach' die Augen zu, ich mach' das schon für dich.

Denn irgendwie pack' ich halt gar nichts an. Weder in meiner Ehe noch in meinem Beruf. Ich sitze jetzt seit acht Jahren zu Hause. Das ist natürlich gut für die Kinder, zumindest bis jetzt. Aber für mich nicht so. Nur, daß ich endlich mal schau', daß ich rauskomm', das mache ich nicht. Ich nehm' es mir immer vor, irgendwann ... aber konkret mach' ich nie etwas. Dabei wäre das für mich gar nicht so schwierig. Ich bin Erzieherin, von Jahr zu Jahr beurlaubt. Ich könnte immer wieder einsteigen, wenn ich wollte. Spätestens 1990 läuft meine Beurlaubung aus. Dann muß ich mich entscheiden, ob ich in den Beruf zurück will oder ob ich kündige.

Ich hab' das die ganzen Jahre einfach vor mir hergeschoben. Wenn ich mir selber gegenüber ehrlich bin, nicht nur der Kinder wegen. Die sind längst groß genug, daß ich eine Halbtagsarbeit gut hätte machen können. Zumal der Andy auch wirklich die Bereitschaft hätte, seinen Teil im Haushalt und bei den Kindern zu übernehmen. Als Busfahrer hat er oft Schichtdienst, ist tagsüber oft auch stundenweise zu Hause. Er hat gesagt, natürlich sei es bequemer für ihn, wenn ich nicht arbeite. Aber er hat nie gesagt, er will das nicht. Er war ganz offen dafür, bloß, ich hab' halt nie wirklich was in Angriff genommen. Ich bin überzeugt, er selber hätte auch etwas davon, wenn ich wieder arbeiten würde. Und das meine ich nicht nur finanziell. Ich habe mal zwischendurch vier Wochen in einem Kaufhaus gearbeitet. Das war eine blöde Arbeit, aber ich hab' doch was erlebt und nicht immer nur die Kinder um mich gehabt. In dieser kurzen Zeit war ich ganz anders, auch für ihn. Aber ich kann mich letztlich nicht dazu aufraffen, zu sagen: So, jetzt ist es Zeit, jetzt gehe ich wieder in meinen Beruf zurück. Das wäre eine Änderung, die ich ganz allein vollziehen muß, die niemand für mich machen kann. Und ich allein mache eben nichts.

Das mit der Berufstätigkeit ist ja nicht das einzige Beispiel. Seit Jahren wollen wir zum Beispiel eine neue Wohnung. Zeit, mich danach umzuschauen, hab' ich genug. Aber in Angriff genommen hab' ich's eben immer noch nicht. Und es kommt halt auch niemand, der sagt, schau her, ich hab' eine für euch. Und so sitzen wir wahrscheinlich ewig in der alten Wohnung. Ich raff' mich eben zu nichts auf.

Es stört mich ungeheuer an mir, das kratzt mich, daß ich mich nie zu was aufschwingen kann. Und dann sehe ich bei anderen Frauen, was die für einen Schwung haben, was die alles leisten. Da komm' ich mir dann so klein dagegen vor, daß ich gleich von vornherein aufgeb'. Dabei weiß ich, das könnte ich auch, warum sollte ausgerechnet ich das nicht schaffen. Aber dann überwiegt bei mir wieder dieses Phlegma, diese Lahmheit.

Ich weiß nicht, woher das kommt. Aber wenn ich so meine Geschwister anschau', wir haben alle nicht so ein Selbstbewußtsein, so ein Selbstwertgefühl. Eigentlich keiner von uns in der Familie daheim. Und wenn ich dann seh', was ich für einen Mist baue, was ich mach' und, vor allem, was ich nicht mach', wird mir immer elender.

Früher hab' ich nie nein gesagt, wenn mein Mann was von mir wollte. Zu den Kindern konnte ich eher mal nein sagen, bei meinem Mann war ich dann voller Skrupel. Diese vielen kleinen Schritte, die uns die Chris als Beispiel sagte, die haben mir schon geholfen. Daß ich mich zum Beispiel sogar mal trau', zu dem anderen »du nervst mich« zu sagen, wenn er mich nervt. Und nicht so zu tun, als wäre nichts. Das hätte ich früher ja im Traum nicht gemacht.

Früher, wenn der Andy was zu mir gesagt hat, das nur den leisesten Hauch einer Kritik an sich hatte, war ich ja gleich in Grund und Boden zerstört. Ich hab' mich dann umgehend in meiner ganzen Person angegriffen und in Frage gestellt gefühlt. Was gar nicht seine Absicht war. Das ging mir nicht nur bei ihm so.

Auch bei allen anderen Leuten war ich total überempfindlich. Jetzt kann ich das doch anders empfinden, ich versuche es jedenfalls. Ich mach' mir klar, daß Kritik nicht grundsätzlich Kritik an meiner Person ist, sondern einfach an irgend etwas, das ich gesagt oder gemacht habe. Das ist ein himmelweiter Unterschied. Den hab' ich nur nie gesehen. Wie ich so vieles nicht gesehen habe.

Das Thema Sexualität kann ich im Moment mal wieder überhaupt nicht ab. Wir haben gerade ziemliche Schwierigkeiten. Aber ich bin heute nicht mehr ganz so verzweifelt deswegen, nicht mehr ganz so resigniert. Ich glaube jetzt, das Lieben, das kann man lernen. Das Reden darüber, die

Verständigung. Daß ich das jetzt weiter für mich erarbeite, ist der entscheidende Schritt.

Daß ich zum Andy jetzt auch mal nein sage ohne schlechtes Gewissen, weil ich weiß, ich darf es, es ist mein Recht – mit der Rückendeckung der Psychologin –, ist für mich schon wichtig. Aber alles hat zwei Seiten. Der Andy hat neuerdings auch mal gesagt, heut' will er nicht. Das war neu. Und das hat mir denn doch zu denken gegeben.

*Elena K., 30, Arzthelferin, derzeit Hausfrau. Seit vier Jahren verheiratet, zwei Kinder (1 und 3 Jahre alt), Mann 29, Koch.*
Ich hab' meinem Mann früher oft einen Orgasmus vorgespielt. Du kannst nicht immer zu deinem Partner sagen: Ha, es war schon wieder nichts. Da demoralisiert man den anderen doch auch damit. Ich hab' ja gesehen, er tut sich wahnsinnig ab. Er versucht alles, hat Geduld, nimmt sich immer Zeit für mich. Aber von meiner Seite aus war immer so ein Leistungsdruck da, daß ich oft einfach mittendrin steckengeblieben bin und nicht weiterkam. Dann war alles ganz aus.

Diesen Leistungsdruck, den hab' ich während der Kursmonate so ziemlich abgebaut. Da bin ich heilfroh darüber, denn im Moment zum Beispiel kommen wir überhaupt nicht dazu, miteinander richtig schön zu schlafen. Unser Jüngstes ist knapp ein Jahr alt und im Moment oft krank. Es muß bei uns im Zimmer schlafen, weil es so eine Art Pseudo-Krupp hat. Man hört halt mit einem Ohr immer hin. Erregung kommt da nicht groß auf, hat jedenfalls wenig Chancen. Wir kuscheln zur Zeit gern, wir schmusen viel. Wenn ich sag', ich will nur schmusen, akzeptiert der Tonio das.

In den Kurs »Frauen und Sexualität« bin ich gegangen, weil ich das Problem hatte, daß mein Mann mein bisher einziger Mann ist, was sexuelle Erfahrungen betrifft. Ich wollte einfach einmal von anderen Frauen hören, wie es bei denen ist. Ob das, was ich spürte, was für mich ein Orgasmus war, auch bei anderen so abläuft. Wenn es bei uns mal nicht so klappte, hat sich bei mir dieser Gedanke immer mehr eingeschlichen: Wie wäre es mit einem anderen Mann? Das hat unser Verhältnis schon manchmal belastet.

Ich hatte eine sehr behütete Kindheit. Ich bin in Südamerika aufgewachsen. Meine Mutter war schon älter, als sie mich bekommen hat, so um die Vierzig. Sie hatte in sehr jungen Jahren schon ein Kind, das sie weggeben mußte. Da lebte sie noch in Deutschland. Sie wollte mich deshalb ganz besonders behüten. Es sollte mir nicht so gehen wie ihr. Sie hat immer zu mir gesagt, ein »ehrbares« Mädchen würde sich nicht so leicht hergeben. Da war halt immer dieses »paß auf«, »tu das nicht«. Ich hab' auch keine Sexualität der Eltern mitbekommen, nie etwas davon bemerkt. Auch kein Streicheln, keine etwas hintergründigen Worte hin und her. Sexuelle Spannungen zwischen Mann und Frau, das gab es einfach nicht. Oder sehr weit weg von mir.

Ich hab' dann, als junges Mädchen, natürlich schon amouröse Abenteuer gehabt. Amouröse, nicht sexuelle. Ich hab' immer gebremst: bis hierher und nicht weiter. Für mich gab es nur Schmusen und Petting, mehr nicht. Das war so fest in mir drin, diese Barriere. Als ich meinen Mann kennenlernte, ist sie von allein gefallen. Der hat mich nicht gedrängt, hat mir viel Zeit gelassen. Ich dachte nicht mehr: Ohne Heirat auf keinen Fall. Da war es dann einfach soweit. Immerhin war ich damals aber auch schon sechsundzwanzig.

Mit dem Orgasmus habe ich mich in den letzten drei Jahren in Gedanken oft beschäftigt. Man wird ja auch ständig damit konfrontiert. Theoretisch. Das ist in meinen Augen so richtig zu einer Übermacht hochstilisiert worden. Wenn ich schon mal, was sehr selten ist, einen Sexfilm anschau' oder einen Liebesfilm, da haben die Frauen dann immer solche Höhenflüge, solche Eruptionen, daß ich immer nur ganz kleinlaut sagen kann, also pardon, wenn das so ist, hab' ich offensichtlich noch nie im Leben einen gehabt. So eine Ekstase hab' ich nie erlebt. In dem Kurs wollte ich vor allem rauskriegen, ob andere Frauen auch wie eine Rakete hochgehen, eben wie im Film, oder ob da mehrere von den Zweifeln daran betroffen sind. Eben wie ich auch. Es war ein Versuch, der sich sehr gelohnt hat. Für mich war es ungeheuer wichtig, zu erfahren, daß andere Frauen auch nicht immerzu auf Höhenflügen sind, daß ich selber also eine ganz normale Empfindungsgabe habe. Ich hatte davor oft solche Angst, frigide zu sein. Ich hatte im Bett schon so ein Leistungsverhalten wie beim Abitur: Erreiche ich die Reifeprüfung oder nicht? Das war ein großer Druck.

Ich kenne meinen Körper jetzt besser, ich verstehe die Zeichen meines Körpers jetzt viel besser, und ich akzeptiere diese Zeichen auch. Vor allem aber bin ich nicht mehr so erpicht darauf, verspüre ich nicht mehr so den Zwang, daß es wie im Film sein muß. Das hat mir viel innere Kraft gegeben. So viel, daß ich jetzt auch mit meinem Mann darüber sprechen kann. Es hat dazu geführt, daß wir uns wirklich nur dann lieben, wenn wir beide Lust darauf haben. Daß nicht für einen ein Muß dahintersteht. Aber so einfach ist das natürlich nicht gegangen.

Ich habe früher öfters, ohne daß ich selbst es wollte, mit dem Tonio geschlafen. Weil ich gedacht habe, ich muß halt. So schlecht war das auch nicht immer, mit dem Essen kommt bekanntlich oft der Appetit. Aber es war doch immer mehr etwas für ihn, weniger für mich. Mit dem Kurs war er total einverstanden, damit, daß ich den besuche. Als ich dann allerdings daherkam und sagte, ich schlaf' jetzt nur noch mit dir, wenn ich es auch will,

– da hat es ganz schön heftige Diskussionen gegeben. Aber er ist im Grunde sehr offen und sehr verständnisvoll. Er hat sich wohl auch gesagt, wenn beide wollen, macht es ja auch mehr Spaß. Wenn ich auch etwas empfinde, ist es für ihn doch auch ein Unterschied wie Tag und Nacht.

Das hab' ich dem Tonio hoch angerechnet, daß er darüber so nachgedacht hat und das akzeptiert hat. Denn das ist ja auch nicht so einfach für einen Mann: Plötzlich geht die Frau in einen Sexualkurs, er denkt, wunder wie gut das dann im Bett wird, und dann kommt sie daher und sagt, erst einmal läuft gar nichts mehr, wenn ich nicht genauso will wie du. Ich kann mir schon vorstellen, daß ein Mann daran zu beißen hat.

Sanfte Pornos, Liebesfilme, können mich schon anregen. Da stelle ich mir dann schon manchmal Szenen daraus vor, wenn ich mit dem Tonio schlafe. Das hilft mir zur Stimulierung. Also mehr, als wenn ich mich nur hinlege. Vergewaltigungsvorstellungen liegen mir nicht. Ich bin mehr amourös. Ich idealisiere auch die körperliche Liebe sehr. Für mich dürfte da nichts Schmutziges dabeisein, so mit Fesseln oder Peitschen. Das hat für mich mit Sex nichts zu tun.

Wenn ich sauer oder traurig wegen ihm bin, kann ich nicht mit ihm schlafen. Da ist eine totale Sperre in mir drin. Es ist allerdings auch schon passiert, wenn wir uns gestritten haben, daß es hinterher sehr schön war mit uns. Aber vorher muß der Frieden geschlossen sein, sonst geht es nicht.

Die Hausaufgaben, die uns in dem Kurs gestellt wurden, hab' ich immer alle gemacht. Nicht nur, weil ich grundsätzlich sehr pflichtbewußt bin. Ich hab' mir auch gedacht, wenn ich wirklich etwas ändern will in unserem sexuellen Leben, muß ich das systematisch Punkt für Punkt machen und nicht nur mal dies, mal das. Es kann ja sein, daß mir dann irgend etwas, das mir weitergeholfen hätte, entgeht. Und das war nicht der Sinn der Sache. Ich liebe meinen Mann, ich will, daß es mit uns auch im Bett gut klappt. Was der Mann daheim nicht findet, holt er sich woanders – solche Sprüche, die sind ja nicht immer so falsch.

Das Ja/Nein-Sagen-Lernen zum Beispiel hat mir viel geholfen. Nicht nur im sexuellen Bereich. Einfach auch für mich selber. Daß ich sag': Nein, ich will jetzt meine Ruhe haben, ich brauch' jetzt ein bißchen Abstand, die Kinder gehen jetzt ins Bett, auch wenn sie noch so dagegen protestieren – das war für mich sehr schwierig durchzusetzen. Da war ich oft in Gefahr, um des lieben Friedens willen klein beizugeben.

Vor allem auch meiner Mutter gegenüber. Das war eigentlich das Schwierigste. Ich hab mit der Ja/Nein-Übung bei den Kindern angefangen, vielmehr bei dem einen Kind, das andere wurde ja erst zu Ende des Kurses geboren. Als ich das ein bißchen im Griff hatte, hab' ich bei meiner Mutter weitergemacht. Die hat vielleicht die Augen aufgerissen: Was ist denn in dich gefahren, was ist denn jetzt plötzlich los? Das war sie nicht gewöhnt von mir, daß ich sag', das und das will ich jetzt aber nicht. Wo ich doch ein Leben lang so fügsam war. Meine Mutter hat einen sehr festen Charakter, ich bin labiler. So war es immer. Und dann komm' ich daher und muck' freundlich, aber bestimmt auf. Das war ein Schock für sie.

Na ja, und nach dem Kind und der Mutter kam dann mein Mann dran. Es waren oft nur Kleinigkeiten, die sich im Lauf der Zeit so eingespielt haben und gegen die ich mich jetzt gewehrt hab'. Wo ich mir gedacht hab', also so muß es ja auch nicht immer sein. Wenn der Tonio zum Beispiel mal sitzt, dann steht er nimmer auf. Dann sagt er, ach, hol mir doch dies und jenes, ach, stell doch mal den Fernseher an oder ab oder dies und das. Früher bin ich dann immer sofort gelaufen. Heute sag' ich, zwar nicht immer, aber doch des öfteren, zu ihm: Du hast doch auch zwei Füße, hol dir dein Zeug selber, ich lauf' auch den ganzen Tag. Das hat der Tonio auch eingesehen, das hätt' ich schon viel früher so machen können. Aber auf die Idee bin ich gar nicht gekommen, ich bin halt gelaufen. Und von sich aus hätt' er das natürlich nie geändert, es war ja sehr bequem für ihn. Es hat sich bei uns insgesamt in vielen Kleinigkeiten was geändert, zum Besseren hin. Man staut ja auch nicht mehr so Aggression auf Aggression, wenn man nicht alles gottergeben runterschluckt.

Mein Mann hat indirekt bei dem Kurs recht gut mitgemacht. Er redet ja selber nicht viel, aber er hat immer gefragt: Wie war's, was gibt's Neues von der Sexfront? Und dann hab' ich ihm alles erzählt, wir haben darüber nachgedacht. Ohne sein Mitwirken hätt' ich den Kurs sowieso nicht so machen können und auch nicht wollen. Wenn er eine Wand dagegen aufgebaut hätte, innerlich, wäre es für mich sehr schwierig gewesen. Ich hab' zu ihm gesagt, Tonio, dieses Problem müssen wir doch in den Griff kriegen, wir verstehen uns doch sonst so gut, wir müssen uns auch im Bett gut verstehen. Das hatte mir vorher immer gefehlt. Es ist schon traurig, wenn es überall sonst läuft und im Bett läuft es nicht. Wenn einem die Beziehung wichtig ist, muß man was dagegen – oder vielmehr dafür – tun.

Vor allem meine zweite Schwangerschaft hat mich oft frustriert. Nicht deshalb, weil ich das Kind bekam. Das wollten wir beide. Aber daß ich in dieser Zeit keine Lust mehr auf die Liebe hatte. Bei unserem ersten Kind war es eher immer der Tonio gewesen, der sich zurückgehalten hat, der gefragt hat, meinst du wirklich, daß man das alles so weitermachen darf. Und ich hab' immer gesagt, ja, klar darf man das. Ich hab' auch ungeheure Lust gehabt. Aber beim zweiten Kind war das so deprimierend, weil ich mir gedacht hab', das wird auch wieder so schön, so lustvoll. Und dann war da einfach gar nichts da. Nicht die geringste Lust meinerseits. Diese Diskrepanz war zum Verzweifeln. Wenn das beim ersten Kind auch so gewesen wäre, hätt' ich mir gesagt, na gut, vielleicht ist das einfach so in einer Schwangerschaft. Aber damit konnte ich mich in diesem Fall ja nicht beruhigen.

Eine neue Frau bin ich durch den Kurs nicht geworden. Aber meine Einstellung zur Sexualität ist anders geworden. Das tut mir gut und meinem Mann auch. Ich bin von Haus aus nicht gerade eine explosive Frau, die schreien muß oder keuchen. Ich bin auch so befriedigt. Ich finde es auch mal ohne Orgasmus okay. Schöner wär' es schon, wenn man es jedesmal spüren würde, aber es geht halt nicht, weil es viel mit der Seele zu tun hat. Wenn man irgendwo ein Problem hat, eine Traurigkeit, einen Schatten, dann geht es meiner Meinung nach nicht. Aber bei uns ist es dann doch immer unbefriedigender geworden. Ich weiß nicht, wohin das geführt hätte, wenn das so weitergegangen wär'.

Ich sag' meinem Mann heute, was ich mag oder was ich nicht mag. Aber vornehmlich, was ich mag. Oder ich führe seine Hand dahin, wo es mir am angenehmsten ist. Früher hab' ich das nicht so gezielt gemacht, da hätte ich mich geniert. In der Beziehung hab' ich mich verändert. Ich bin selbstsicherer geworden, trau' mich mehr. Das gefällt meinem Mann. Er war ja früher auch oft unter Druck, wenn ich einfach nicht so mitgekommen bin. Wenn der Eimer zum Überlaufen voll war, hab' ich immer ganz verzweifelt gesagt, ich hab' einfach keinen Orgasmus, o Gott, warum hab' ich denn nur keinen. Ich hab' oft Tränen gelassen, hab' gesagt, es kann doch nicht sein, daß da bei mir nichts los ist. Er hat dann auch manchmal gesagt, er weiß gar nicht, was er noch alles anfangen soll. Er war wirklich auch oft ganz down.

Von dem einen bin ich heute felsenfest überzeugt: Man muß immer dazulernen. Man darf nicht einfach stehenbleiben und sagen, ich bin halt so. Man muß schon auch an sich arbeiten. Heute sage ich mir ganz bewußt: JA, ich bin »nur« Hausfrau. JA, ich habe gerne Kinder. JA, das ist jetzt meine Welt. Ich habe zur Zeit keine Welt außerhalb. Meine Welt, das sind jetzt meine vier Wände. Und dazu sag' ich JA. Ich meine damit, ich sage das alles jetzt positiv, weil ich jetzt so denke. Vorher war das alles eher mit negativen Vorzeichen. Man wird als Hausfrau und Mutter schon von anderen ganz schön aufs Abstellgleis gestellt. Und selber macht man da auch mit. Mir hat mein Beruf auch gefehlt, meine Arbeit »draußen«. Und irgendwie hab' ich mich dann mehr oder weniger hängenlassen. Jetzt bau' ich mir meine Welt wieder auf und mich selber auch.

Diese Spiegelübungen, die wir machen sollten, sind mir schwergefallen. So etwas hätte ich früher nie gemacht. Da hätte ich eine viel zu große Scham davor gehabt. Es kostete mich schon genug Überwindung, wenn man beim Frauenarzt auf diesen schönen Stuhl muß. Und so kam ich mir am Anfang auch bei diesen Übungen vor. Ich hab' sie trotzdem alle gemacht. Aber ohne Kerzen, ohne Musik. Damit ist es zwar wohl schöner, aber das war mir zuviel Aufwand. Vormittags oder nachmittags ist das bei mir nicht drin, mit den Kindern. So hab' ich diese Übungen dann immer spätabends gemacht, wenn die Kinder schliefen und mein Mann meist noch bei der Arbeit war. Als Koch muß er oft bis spät in der Nacht arbeiten. Das war dann meine Hausaufgabenzeit. Ich mochte mich nicht gerne anschauen, da mußte ich jedesmal von neuem eine Hemmschwelle überwinden. Das geht mir auch heute noch so, jedenfalls manchmal. Es kommt darauf an, wie ich mich gerade fühle.

Auch die Selbstbehauptungsübungen sind mir nicht leichtgefallen. Ich bin ziemlich klein. Ich traue mich oft nicht, mich zu wehren. Ich füge mich lieber von vornherein, die schauen doch sowieso immer alle auf mich runter. Diese Durchsetzungsversuche, daß ich in ein Kaufhaus gehe und ich steh' in der Schlange und muß mich dagegen wehren, daß sich einer an mir vorbeidrängelt, mich einfach beiseite schiebt, – das war eine harte Sache für mich. Wenn da einer zu mir sagt, Sie, ich hab's eilig, ich muß da jetzt schnell durch, dann fühl' ich mich bedroht. Mich da zu wehren oder gegen den durchzusetzen, weil ich's vielleicht auch eilig hab' und meine Kinder vielleicht allein zu Hause sind und es mir wirklich unter den Nägeln brennt, das ist für mich ungeheuer schwierig. Das geht mir mehr an die Substanz, als den einfach vorzulassen. Bei dem Kampf würd' ich sowieso verlieren, weil ich schneller resigniere. Aber man muß sich, finde ich, auch nicht ausgerechnet in Sachen durchsetzen, die man nicht wichtig findet. Ich hab's einmal versucht und hab' hinterher gedacht, das ist mir der ganze Aufwand nicht wert. Ich bin lieber still und leise und lass' den halt durch, ohne daß ich einen roten Kopf vor Zorn bekomme. Also das hab' ich bis heute noch nicht gelernt. Weil mir das nicht als so furchtbar wichtig vorkommt, jedenfalls nicht für mich. Ich kann mich da ja auch nicht von Grund auf ändern. Der Tonio sagt immer: Ich hab' dich so gern, wie du bist und nicht anders.

Jedenfalls nicht in dieser Beziehung. Ich hab' mich damit abgefunden, daß ich so klein bin. Ich kann mich ja nicht künstlich hochziehen. Wenn du dick bist, kannst du versuchen, dünner zu werden. Aber größer wirst du halt nicht.

Den Brief an meine Scheide, eine der letzten Hausaufgaben für mich, denn ich konnte dann wegen der Geburt ja nicht mehr in den Kurs, den hab' ich auch geschrieben. Ich hab' ihr Vorwürfe gemacht, daß ich das halt alles nicht so fühle, wie ich es erwarte. Ich hab' ihr dies und jenes vorgeworfen. Aber ich hab' den Brief dann ein paar Tage später zerrissen. Ich hab' gedacht, wenn mir was passiert auf der Straße, wenn ich Wehen krieg', und die suchen nach meiner Adresse, stöbern in der Handtasche herum und lesen einen Brief von mir an meine eigene Scheide: dann sperren die mich gleich in die Nervenheilanstalt.

Aber, wie gesagt, grundsätzlich hab' ich den Kurs konsequent durchgezogen. So lange, wie ich konnte. Es ist mir aber schon manches schwergefallen. Nicht wegen der Schwangerschaft, sondern von der Mentalität her. Ich hab' Hemmungen gehabt, vor allem Hemmungen. Aber ich hab' mir immer wieder gesagt, jetzt stell dich nicht so an, mach mit, mach alles. Sehr angenehm war das oft nicht. Wenn man sonst einfach mal nackt in der Wohnung herumläuft, ist das etwas anderes, als sich vorsätzlich hinzulegen, die Beine aufzumachen und sämtliche Sachen dazwischen zu inspizieren. Am Schluß war dieser Widerstand dagegen nicht mehr so stark da. Allerdings hab' ich diese Übungen später auch nie mehr wiederholt. Die waren mit dem Kurs zu Ende.

Es hat mich ungemein erleichtert, daß ich mit meinen Problemen, meinen Hemmungen, meinen Unsicherheiten nicht allein bin. Daß so viele junge oder ältere Frauen, in welcher Situation sie auch immer leben, ähnlich empfinden. Das hilft schon: zu sehen, daß man keine Ausnahme ist. Das war für mich eine sehr positive Erfahrung, aus der ich auch die Kraft genommen hab', manches zu verändern. Das würde ich heute jedem in der gleichen Situation raten.

Ich hatte von dem Kurs damals im Volkshochschulprogramm gelesen. Ich hab' die paar Zeilen, glaube ich, mindestens hundertmal gelesen, bis ich mich dazu entschlossen habe. Es war beileibe nicht so, daß ich mir sofort sagte, da gehst du hin. Allein die Einschreibung hat mich schon Überwindung gekostet. Ich hab' gedacht, was sind das für andere Frauen, was denken die von dir, lachen die über dich – und lauter so Zeug.

In dem Sexshop, in den wir alle gemeinsam gingen, fühlte ich eigentlich eine Traurigkeit, daß man für so schöne Stunden so gräßliche Hilfsmittel braucht. Und daß Frauen damit so erniedrigt werden. Diese Torsos, wo nur noch das unbedingt Nötige nachgeformt ist, die sind doch armselig. Natürlich war es leichter, da in der Gruppe reinzugehen. Allein würde ich so etwas nie tun. Auch heute noch nicht.

Aber sonst habe ich mich schon geändert. Ich sag' nicht mehr zu allem ja und amen, auch nicht im Alltag. Ganz gleich, ob es nun ums Auto geht, ums Einkaufen, Kochen oder Abwaschen. Ich hab' früher oft JA gesagt und NEIN gemeint. Und jetzt sag' ich halt ehrlicher meine Meinung, auch wenn es ihm nicht so gefällt. Das bringt natürlich manchmal Konflikte. Mehr als vorher. Ich schluck' nicht mehr alles runter. Das haben wir ja eigentlich von Kind auf als Mädchen gelernt, das Runterschlucken, keinen Ärger machen, für Harmonie sorgen. Aber damit kehrt man auch ganz schön was unter den Teppich.

Ich fühle mich von meinem Mann geliebt. Er ist immer noch der einzige Mann, mit dem ich jemals geschlafen habe, Liebe gemacht habe. Heute bin ich dreißig. Ich weiß nicht, ob das richtig ist, in dem Alter so wenig Erfahrung zu haben mit Männern, auf sexuellem Gebiet. Aber das Risiko, diese Beziehung aufs Spiel zu setzen, herumzuexperimentieren, bloß um zu testen, wie es mit einem anderen Mann ist, – dieses Risiko ist mir zu groß. Da müßte ich schon sehr verliebt sein, bevor ich das mache. Man kann natürlich nie nie sagen. Wer weiß, wie es in zehn Jahren ist. Im Moment ist es jedenfalls nicht drin.

*Ina Sch., 41, Bekleidungstechnikerin, eine Tochter mit 18, Alleinerzieherin.*
Mein jetziger Freund wußte, daß ich in diesen »Sexkurs« ging, und er war total dagegen. Er war wahnsinnig eifersüchtig und nervös deswegen. Jeden Montag und Dienstag gab es bei uns deshalb Krach. Jeden Montagabend, bevor ich am nächsten Morgen da hinging, und jeden Dienstagabend, weil ich hingegangen war. Weiß der Himmel, was er sich darunter vorgestellt hat. Er wußte, daß da nur Frauen mitmachen, keine Männer. Vielleicht hat er mir das nicht geglaubt. Er hat immer daran rumkritisiert, entweder weil ich ihm in seinen Augen nicht ausführlich genug davon erzählt hab' oder weil ich das oder jenes anders erzählt habe, als er es sich vorgestellt hat. Er dachte immer, wir machen da noch was, das ich ihm nicht sage. Oder aber wir sitzen da wie die Hexen und beschweren uns pausenlos über unsere Männer, machen sie runter. Das Ganze war ihm unheimlich suspekt.

Zu Hause, als Kind, hab' ich einen sehr negativen Eindruck von Sexualität vermittelt bekommen. Da war offenbar überhaupt nichts Positives dran, bloß alles schlimm. Daß eben die Männer die Frauen nur benutzten, nichts anderes im Sinn haben, als sie ins Bett zu kriegen. Und hinterher wollen sie nichts mehr von einem wissen. Eben alles, was man da so an vorgefaßten Klischees überhaupt kennt. Ein Wunder, daß sich das nicht viel schlimmer bei mir auswirkte.

Ich hab' ziemlich früh einen Freund gehabt, so mit fünfzehn. Als ich sechzehn war, hatte ich zum erstenmal eine sexuelle Erfahrung mit einem Jungen. Es war schön für mich. Ich war dabei durchaus die treibende Kraft, das ging nicht von ihm aus. Die ganze negative Rederei meiner Mutter hat mich offensichtlich nicht davon abhalten können, Männer zu mögen, auch im Bett. Spaß hat mir dabei allerdings in erster Linie die Zärtlichkeit gemacht, weniger die Sache an sich.

Ich hab' von zu Hause natürlich auch mitbekommen, daß man nicht onanieren darf. Ich hab's trotzdem ziemlich viel gemacht, aber eben immer mit fürchterlichen Gewissensbissen. Ich hab' sowieso immer ein schlechtes Gewissen gehabt, grundsätzlich. Ich hab' zwar immer alles gemacht, was mir Spaß machte. Aber nie unbeschwert, immer mit diesem Druck auf der Seele. Ich versuche, das bei meiner eigenen Tochter anders zu machen.

Meine Eltern, nein, die waren nicht glücklich miteinander. Für meine Mutter war es offenbar wirklich eine Quälerei, mit einem Mann zu schlafen, jedenfalls mit meinem Vater. Das hab' ich rundum mitbekommen, gefühlsmäßig. Deshalb hat sie mir Sexualität auch nie positiv vermitteln können, das wäre nicht gegangen. Aber eines ist mir erst jetzt, also sehr spät, aufgefallen: daß meine Mutter, obwohl sie sonst so streng war, mir immer wieder eindringlich sagte, daß man einen Mann *vor* der Ehe sexuell kennenlernen sollte. Das hat sie selber nicht getan, und es war offensichtlich dann eine schreckliche Sache für sie.

Ich hatte ziemlich viele Partner als junges Mädchen. Aber ich war nie besonders glücklich. Miteinander zu schlafen war für mich der Preis für die Zärtlichkeit, die ich brauchte. Aber das hat es eben nicht gegeben, daß jemand nur einfach zärtlich war. Das hätte mir selbst damals genügt, jedenfalls meistens. So hab' ich es eben als Tatsache hingenommen, daß man das eine nur bekommt, wenn man das andere dafür hergibt. Ich hab' es sogar gemacht, wenn ich überhaupt keinen Spaß daran hatte. Ich hab' ein einziges Mal versucht, mit dem Mann, mit dem ich gerade zusammen war, darüber zu reden. Der hat das einfach weggeschoben, für den war ich nur das kleine Mädchen, das nichts versteht. Ich hatte immer ältere Partner.

Ich hatte halt nie einen Orgasmus. Vielleicht denke ich ja auch immer nur, ein Orgasmus muß das Tollste sein, da mußt du ganz weg sein. Vielleicht hatte ich ja irgendwann mal einen und hab' es bloß nicht erkannt, nicht als gut genug empfunden, nach allem, was man davon so liest. Ich hab' jedem Mann einen Orgasmus vorgespielt.

Der Vater meiner Tochter war der erste Mann, der zu mir gesagt hat: Mach mir doch nichts vor, das stimmt doch gar nicht, du hast doch gar keinen Orgasmus. Aber sonst haben sich immer alle was vorspielen lassen, und dann waren sie immer alle happy, außer mir selber. Ich hab' immer Theater gespielt im Bett. Das war letztlich für alle bequemer. Ich hab' immer gedacht: Dem soll's gefallen, ich selber bin nicht so wichtig. Als damals der Vater meiner Tochter das zu mir sagte, war ich irgendwie total erleichtert. Bei ihm hatte ich dann nicht mehr diesen Druck, ihm was vormachen zu müssen, bloß damit er zufrieden ist mit mir. Später, aber erst sehr viel später, hab' ich dann keinem Mann mehr etwas vorgespielt. Natürlich wußte ich, daß es für jeden Mann schöner ist, wenn die Frau auch einen Orgasmus hat. Aber irgendwann hab' ich mich dann zu dem Standpunkt durchgerungen, ich bin nicht mehr bereit, das vorzuspielen. Wenn ihm das nicht paßt, kann er ja gehen. Da war ich schon Ende zwanzig.

Einmal hab' ich einen Partner gehabt, bei dem ich wirklich sein konnte, wie ich wollte. Jedenfalls hat er mir das immer so vermittelt. Und ich hab' das auch so empfunden. Das ging gut, in jeder Beziehung, auch im Bett. Wir waren zehn Jahre zusammen. Der Hammer kam dann bei der Trennung. Vorher hatte er immer gesagt, es störe ihn nicht, wenn ich keinen Orgasmus habe, es sei einfach schön, mit mir zu schlafen. Er genieße es. Und nach zehn Jahren hat er mir plötzlich gesagt, das hätte ihn immer gestört an mir, daß ich keinen Orgasmus gehabt hätte. Das war für mich schrecklich. Ich hab' mir hunderttausend Vorwürfe gemacht, hab' mir gedacht, wenn ich ihm auch was vorgespielt hätte wie den anderen, wäre es wahrscheinlich heute noch gut zwischen uns beiden.

Auch mir selber hat es irgendwie gefehlt. Ich hab' es mir immer gewünscht, daß ich einen Orgasmus habe. Und 1984, da war ich schon siebenunddreißig, hatte ich zum erstenmal einen. Das war mit einem Mann, der war eigentlich ein wirklicher Schuft. Der hat keine Anforderungen an mich gestellt, keine Bedingungen, daß ich so sein sollte oder so, daß ich mich so oder so anziehe, daß ich immer fröhlich zu sein habe oder ausgeglichen. Der hat mich so genommen, wie ich war. Bei dem konnte ich alles sein. Bei dem konnte ich gehen und kommen wie ich wollte und frei sein und mit anderen telefonieren, wenn er da war. Aber er hat es natürlich genauso gemacht. Ich komm' heute abend, hat er gesagt, und dann habe ich vielleicht eine Woche später den Anruf von ihm gekriegt, es hätte sich verzögert. Das war wahnsinnig locker, diese Verbindung, obwohl sie mir als Beziehung an sich nicht so entsprochen hat. Ich wollte ja gar nicht so unstet sein, so ganz ohne Verpflichtung dem anderen gegenüber. Da bin ich manchmal innerlich ganz schön am Rotieren gewesen. Aber einen Orgasmus, den hab' ich bei ihm gehabt. Und dann, nach ihm, eben nicht mehr. Das ist etwas, das ich schon noch irgendwie erreichen möchte, diese verflixte Sache mit dem Orgasmus.

Mit meinem jetzigen Freund bin ich seit vier Jahren zusammen, in Abständen. Wir trennen uns immer wieder, kommen immer wieder zusammen. Die längste Trennung im letzten Sommer waren vier Monate. Dazwischen ging es sehr gut. Da waren Augenblicke, wo ich mich sicher gefühlt hab' bei ihm. Aber die waren halt nicht mehr sehr häufig. Ich hab' in diesem Punkt ein wahnsinniges Minderwertigkeitsgefühl. Vor allem, was die Erotik, den Sex zwischen Mann und Frau betrifft. Du liest ja so viel, alles ist immer so toll, bloß bei dir selber nicht. Das war das wichtigste für mich an diesem Kurs, wie ich die anderen gehört hab'. Da hab' ich mir gedacht, was machst du dir eigentlich so viele Gedanken. Was hast du doch noch für ein abwechslungsreiches Sexualleben im Gegensatz zu manchen anderen!

Die Männer, mit denen ich zusammen war, haben mir immer nur von Frauen erzählt, die mindestens ein paarmal pro Beischlaf kommen. Da hab' ich immer ganz schön geschluckt. Nach der Trennung damals, nach diesen vier Monaten mit meinem Freund, haben er und ich dann wieder miteinander gelebt und irgendwann auch wieder zum erstenmal miteinander geschlafen. Es war sehr schön. Jedenfalls hab' ich das so empfunden. Und dann ist er so ein Idiot und erzählt mir, daß die Frau, mit der er zwischenzeitlich liiert war, mehrere, also jedenfalls mindestens drei Orgasmen hintereinander habe.

Das hat mir so einen Schock versetzt, daß er mir das erzählt hat, daß ich seitdem nicht mehr mit ihm schlafen kann. Ich hab' Angst davor, daß ich diese drei Orgasmen natürlich nie bringe, nicht mal einen einzigen. Wieso, hab' ich zu ihm gesagt, wieso um alles in der Welt erzählst du mir das? Und er hat ganz blauäugig gesagt: Wieso, das hat doch gar nichts zu bedeuten, das ist doch eher langweilig, wenn es immer so automatisch klappt. Und dann hat er noch gesagt, es sei doch sehr schön, wie es mit mir ist. Und ich sei die einzige Frau, der er, natürlich unsere Trennungszeiten ausgenommen, treu sei. Aber trotzdem. Es klappt bei mir zur Zeit nicht mehr. Ich hab' von vornherein so Angst, daß ich das nicht bringe wie diese Frau mit ihren mindestens drei Malen, daß ich von vornherein impotent bin.

Das ist zur Zeit wirklich ein großes Problem für uns. Es ist schlimm. Er will mich zwar jetzt nicht drängen. Aber das Bett, das war bisher mit das Schönste zwischen uns. Und jetzt geht überhaupt nichts mehr. Wir schlafen nebeneinander zärtlich ein, das gefällt uns auch. Aber mehr geschieht nicht. Dabei liegt mir grundsätzlich wirklich viel an Sexualität. Ich kann's jetzt bloß gleich überhaupt nicht mehr. Ich denke dauernd nur an diese Frau mit ihren mehreren Orgasmen. In dem Punkt hab' ich überhaupt kein Selbstbewußtsein mehr. Ich kann's nicht mal mehr mit mir allein. Sexuell geht zur Zeit überhaupt nichts mehr. Ich will es im Moment auch gar nicht mehr versuchen.

Mir war der Kurs manchmal zu lasch, ich will noch mal was machen. Für mich war es trotzdem sehr wichtig, daß ich da war. Und das Wichtigste war, daß ich gemerkt hab', die anderen sind ja viel ärmer dran als ich selber. Da hat mein Freund ja gleich die Befürchtung gehabt, daß ich mich postwendend auf meinen Lorbeeren ausruhe. Der hat sich von dem Kurs weiß Gott keine Bereicherung versprochen, eher eine Reduzierung. Er hat befürchtet, daß ich hinterher sage: Was willst du denn, bei anderen sieht es noch ganz anders aus. Und in manchen Dingen hat er ja durchaus mit seiner

Skepsis, daß ihm dieser Kurs nicht unbedingt zum Vorteil gerät, recht gehabt. Ich sag' seitdem eher mal zu ihm: Ich mag heute nicht. Ganz abgesehen von diesen furchtbaren letzten Monaten, wo eh nichts ging.

Wenn dieses verflixte Problem mit dem Orgasmus nicht wäre, ginge es mir in der Liebe eigentlich ganz gut. Es ist nicht etwa so, daß ich sag', das und das kommt im Bett nicht in Frage. Ich bin schon auch recht lustbetont, habe Spaß am Experimentieren. Ich hab' einen Massagestab gekauft und diese komischen japanischen Liebeskugeln. Also der Massagestab, der bringt mir selber nicht viel. Und bei den Kugeln, da hab' ich eigentlich auch nicht groß was gespürt. Irgendwie hab' ich das Ganze wohl nicht ganz richtig gemacht.

Aber dieses immerwährende Gerede darüber, ob ein klitoraler Orgasmus häufiger ist als ein vaginaler oder welche Stellung am günstigsten ist, und und und, das geht mir ungeheuer auf die Nerven. Es ist mir egal, ob ich einen vaginalen oder einen klitoralen habe. Hauptsache, ich habe überhaupt einen. Diese ganze Aufklärungswelle, die ist in meinen Augen gar nicht so toll. Jedenfalls nicht in ihren Auswirkungen. Die hilft einem nicht, die frustriert eher. Mich jedenfalls schon. Weil ich seitdem weiß, was da alles drin ist. Und was ich selber nicht erleb'.

Es ist bestimmt auch dumm von mir gewesen, daß ich es mir immer angehört hab', wenn mir ein Mann von meiner Vorgängerin erzählt hat. Wie toll die kommt und so. Ich hab's mir tatsächlich immer angehört, anstatt zu sagen: Jetzt lieg' ich mit dir im Bett, laß mich mit deiner Vergangenheit in Ruhe. Wahrscheinlich haben die Männer da auch immer unheimlich übertrieben. Oder die Frauen haben ihnen was auf Teufel komm raus vorgespielt. So, wie ich es früher auch gemacht habe. Aber es saß trotzdem tief in mir drin, wie eine tiefe Kränkung.

Einer zum Beispiel hat mir des öfteren von einer Vorvorgängerin erzählt, einer Heidi. Deren Busen war offensichtlich so empfindlich, er hat ihn kaum berührt, schon war sie out of the world. Mein Busen ist leider überhaupt nicht empfindlich, da tut sich gar nichts, so sehr ich seitdem auch darauf achte. Wenn ich damals allein schon den Namen Heidi hörte, kam totaler Frust über mich, der Raster: ein Griff zum Busen ist gleich ein Orgasmus. Und dann stand ich selber wieder ganz desolat mit meinem unsensiblen Busen da, ein schlichter Versager.

Vielleicht war das mit dieser Heidi und ihrem Busen ja gar nicht wahr, vielleicht hat die damit nur ganz schön rummanipuliert. Aber er hat's geglaubt, er hat's gern geglaubt. Und ich brachte diese Illusion eben nicht.

Busen berühren, und schon ist die Ekstase da, das ist bei mir offenbar nicht drin, nicht einmal, wenn ich Theater mache.

Manchmal denke ich mit einem gewissen Neid an früher. Im Gegensatz dazu hat sich heute bei mir viel verändert. Ich hab' früher schon Sachen erlebt, die einfach verrückt waren, wo ich so viel Spaß hatte. Wo ich über Begriffe wie Orgasmus gar nicht nachgedacht hab', es war einfach aufregend und anders. Da war ich manchmal sexuell so wahnsinnig erregt, da bin ich zwei Stunden mit der Bahn zu einem Mann gefahren, halb verrückt vor Begierde. Ich konnte es nicht erwarten, ich hatte im Flur noch nicht einmal den Mantel aus. Das hat es gegeben, früher. Da bin ich wirklich für eine einzige Stunde Lust zwei Stunden hin und zwei Stunden her gefahren. Ich möcht' es nicht missen. Aber ich weiß nicht, warum das aufgehört hat. Das ist etwas, das mir bei mir heute fehlt, daß ich nie mehr so wahnsinnig bin. Es ist noch immer schön, ruhig, angenehm. Aber es ist nicht mehr so, daß wir übereinander herfallen müssen. Das kann ich mir im Moment gar nicht mehr vorstellen bei mir. Nicht mit einem vertrauten Partner und nicht mit einem fremden.

Vielleicht muß ich gezielter versuchen, da was bei mir zu ändern. Der Kurs war ein Anfang. Aber ich weiß, ich hab' nicht so mitgemacht, wie ich es hätte sollen. Ich hab' fast keine Hausaufgaben gemacht. Nur die, die mir leicht fielen. Mich anschauen, mich streicheln, mich vom Körper her mögen. Das fiel mir nicht schwer. Aber ich hab' keinen Brief geschrieben, weder an meine Mutter zwecks Aufarbeitung der Kindheit noch an meinen Partner, noch an meine Scheide. Ich hab' mich dazu nicht aufraffen können. Die Zeit, in die diese Kursmonate fielen, war für mich eine sehr stressige Zeit, mit viel Krach und Streiereien. So daß ich dieses Thema nicht auch noch krampfhaft mit ins Spiel bringen wollte. Ich wollte das speziell nicht noch weiter intensivieren, ich hab' Angst davor gehabt. Dennoch hab' ich den Kurs gemacht, vom Anfang bis zum Ende. Ich wußte, das war wichtig. Ich hab' mir damals auch das Buch »Wenn Frauen zu sehr lieben« gekauft und regelrecht Seite für Seite, Argument für Argument durchgeackert. Diese Sucht, gebraucht zu werden, da muß ich auch sehr aufpassen, dafür bin ich sehr anfällig. Ich habe immer das Gefühl, mich um alles kümmern zu müssen, ich bevormunde damit auch die anderen. Ich hab' mich immer viel zu sehr um alle gesorgt, um meine Mutter, um meine Tochter, um meinen Partner. Jetzt, nach diesen vielen Gesprächen, Diskussionen, kann ich mich viel besser zurückziehen. Weil ich jetzt weiß, daß es nicht gut ist, wenn man sich so in alles reinhängt. Vor allem hast du diese

Zeit dann nicht mehr für dich selber und wirst doppelt unzufrieden. Weil der andere nämlich doch nicht so handelt, wie du es gerne hättest. Das ist verpuffte Energie, vertane Zeit. Und Frustration, Enttäuschung dazu. Ich versuche heute, nicht mehr so überzogen an die anderen zu denken. Sie zwar natürlich nicht auszuklammern, das ist ja auch nichts, aber ein gutes Mittelmaß zu finden. Da hat mir diese schlichte Aufgabe ganz zu Anfang des Kurses, ich glaube, es war sogar am ersten Tag, sehr geholfen. Wir sollten uns vornehmen, ganz bewußt dreimal ja und dreimal nein am Tag zu sagen. Erst hab' ich gedacht, was soll denn das, klar sag' ich, was ich will. Aber als ich darüber nachgedacht hab', hab' ich gemerkt, wie wenig man das wirklich tut. Wie sehr man sich durchschummelt. Mal aus Feigheit, mal aus Rücksicht oder einfach nur aus Bequemlichkeit.

Vor kurzem habe ich mich selbständig gemacht. Zuerst ging es mir finanziell nicht besonders gut. Jetzt bahnt sich langsam eine Besserung an. Darüber freue ich mich. Gleichzeitig weiß ich, daß es dann zwischen meinem Freund und mir nicht mehr so gut gehen wird. Als es mir schlecht ging, war er total da, half mir, richtete mich auf, machte mir Mut. Dadurch, daß ich keinen Erfolg hatte, war er der Größere, der King. Er bezieht seine Stärke aus meiner Schwäche. Das ist wirklich paradox: Er will, daß es mir gut geht. Aber wenn ich oben schwimme, auch nur ein bißchen, wird er damit nicht fertig. Er will beides. Meine Schwäche und meine Selbständigkeit, alles zusammen. Und das geht nicht. Jetzt, wo die Probleme im Bett noch dazukommen, sehe ich für uns ganz schwarz.

Vor ein paar Monaten habe ich mit einem Mann geschlafen, den ich gerade erst drei Stunden kannte. Ich wollte es einfach ausprobieren, es mit einem Fremden zu tun, ob es da nicht viel einfacher, aufregender ist. Es war eigentlich eine schöne Sache, jemanden im Speisesaal kennenzulernen und sich für eine Nacht ein Zimmer drei Stockwerke höher, in einer sehr gepflegten Atmosphäre zu nehmen. Das hat schon seinen Reiz. Aber am Ende blieb doch nichts zurück. Es hat mir nur Probleme gebracht, Probleme mit mir selber. Ich hab' von Anfang an gewußt, oder zumindest befürchtet, daß ich wieder keinen Orgasmus hab'. Und so ist es dann auch gewesen. Es war eine Pleite, vor mir selber.

Ich muß jetzt gezielter versuchen, was bei mir zu ändern. Noch einen Kurs machen, vor allem auch besser mitmachen. Ich will, daß es wieder schön ist. Ich brauche die Sexualität. Ich bin keine Frau, die sagt, das muß nicht sein. Es würde mir sehr schwer fallen ohne sie. Obwohl ich im Moment so weg davon bin.

*Barbara N., 39, technische Assistentin, heute Hausfrau. Seit 16 Jahren verheiratet, zwei Kinder mit 9 und 12 Jahren, Ehemann 42, Lehrer.*

Ich bin in den Kurs gegangen, um mehr über Sexualität zu erfahren. Ich war in der Beziehung halt nicht so glücklich, wie ich mir vorgestellt hab', daß ich es sein könnte. Da fehlte immer was. Ich hab' mir gedacht, ich möcht' eigentlich doch noch rauskriegen, ob ich was besser machen kann, ob noch was rauszuholen ist für mich. Oder ob das auf ewig so lasch dahingehen soll.

Ich verstehe überhaupt nicht, warum das bei mir so ist. Es liegt nicht an meinem Mann, es liegt an mir. Ich habe keinen Mann, dem man die Schuld dafür in die Schuhe schieben könnte. Weil er sich etwa nicht um meine Psyche kümmert, nicht auf mich eingeht, nicht zärtlich sein kann oder immer nur das eine will. Das alles trifft absolut nicht zu. Ich habe einen aufmerksamen, gescheiten, lieben Mann. Wir können gut miteinander reden, auch über Sexualität. Er bemüht sich, es mir recht zu machen, im Alltag und im Bett. Er ist keiner, der dabei nur an sich denkt. Er geht auf mich ein, hat seinerseits schon alles mögliche ausprobiert. Eben weil er weiß, daß ich da von mir aus nicht so mitkann. Aber ich war offensichtlich einfach nicht so lustvoll wie andere Frauen. Es gibt mir nicht so viel, daß ich wenigstens ein einziges Mal so richtig gelüstig sein könnte.

Es bedrückt mich, daß ich das nicht bringe. Und daß mein Mann natürlich mehr von mir haben möchte, als ich ihm gebe, weiß ich auch. Das schafft Schuldgefühle. Man überlegt es sich zehnmal, bevor man etwas sagt oder nicht sagt. Auch bevor man »nein« sagt, »heute nicht«. Weil man sich dann denkt, so schlimm ist es ja auch wieder nicht, es ist doch sonst alles so gut zwischen uns, stoß ihn doch nicht wieder unnötig vor den Kopf. Es macht mich ganz niedergeschlagen, daß ich nicht rauskann aus meiner Haut. Daß ich so total fad in dieser Hinsicht bin. In der Zwischenzeit ist es so, daß er es gar nicht mehr versucht, wenn ich nicht von vornherein Bereitschaft signalisiere.

Manchmal, aber sehr selten, gehe ich von selber auf ihn zu. Das gibt es schon auch. Das macht mir dann auch Spaß. Bis zu einem gewissen Punkt. Aber zum Höhepunkt komm' ich halt nie. Und von wegen, daß ich alle drei oder vier Tage Lust darauf haben könnte. Das ist mir unvorstellbar. Ich würde es wochenlang nicht vermissen. Mein Mann akzeptiert das irɡendwie. Er hat sich jedenfalls seit langem darauf eingestellt. Früher war er bestimmt oft enttäuscht oder frustriert. Aber er hat es sich nicht anmerken lassen. Er war nie so, wie man liest, daß manche Männer dann sind. Also aggressiv, vorwurfsvoll, gekränkt. Von dem Kurs hat er sich, glaube ich, schon etwas erhofft. Daß ich aufgeschlossener werde, interessierter. Er war ganz erfreut, daß ich den machen wollte.

Was Sexualität bedeutet oder bedeuten kann, was da zwischen zwei Menschen abläuft, ist mir zu Hause so gut wie überhaupt nicht vermittelt worden. Dieses Thema wurde bei uns ausgespart. Ich habe lediglich, als ich ungefähr dreizehn war, ein Buch geschenkt bekommen. In dem kannst du, hat man mir gesagt – ich weiß nicht mehr, wer, wahrscheinlich eher meine Mutter als mein Vater –, nachlesen, wenn dich speziell was interessiert. Am Abend, im Bett, hab' ich dann da drin rumgeblättert. Aber da stand so wenig drin, was ich hätte verstehen können. Was sagten mir schon Worte wie reizempfindliche Zonen oder klitoraler Orgasmus. Das waren wirklich nur Worte für mich, hinter denen nichts steckte. Diese Art Aufklärung hat mir nichts gegeben. Daß das Ganze auch mit Gefühlen, mit Lust zu tun haben könnte, ist mir dabei nicht aufgegangen. Und schon gar nicht, daß Sexualität mehr ist als nur Geschlechtsverkehr.

Ich war das einzige Kind, wuchs sehr behütet auf. Wir hatten ein Dienstmädchen, man benahm sich. Irgendwie hab' ich gefühlt, daß meine Eltern »darüber« nicht gerne reden, auch wenn sie es mir angeboten haben. Jedenfalls mein Vater nicht. Meine Mutter wäre eventuell auf mich zurückgekommen, wenn ich irgendein Bedürfnis signalisiert hätte. Aber das hab' ich nicht. Da war schon damals in mir so ein unausgesprochenes Nicht-Bedürfnis, Nicht-Wollen. Nicht, daß es mir jemals jemand verboten hätte. Es war einfach gar nicht existent. Es gab keine heimlichen Doktorspiele in der Gartenlaube oder auf dem Dachboden, kein Herzklopfen, weil man Angst hatte, erwischt zu werden. Dieses Gefühl aus Erregung, Lust und Schrekken, das kannte ich nie. Nicht in der Kindheit. Und später eigentlich auch nicht. Natürlich hatte ich Freunde. Sogenannte Verehrer, wie es damals hieß. Aber sexuelle Erfahrungen habe ich erst mit meinem Mann gemacht. Und dabei ist es auch geblieben. Ich bin in dieser Hinsicht, wie gesagt, nicht sehr ergiebig. Mir reicht es, wie es ist. Lieber weniger als mehr.

Aber der Gedanke bedrückt mich, daß es anderen Frauen offensichtlich ganz anders geht. Daß die alle viel aktiver sind, lustvoller, sexuell unproblematisch. Mit denen hat ein Mann Spaß im Bett, und die haben selber auch Spaß dabei. Bloß, ich gehör' halt nicht dazu. Aber ich krieg' nicht raus, warum. Irgendwann habe ich mir gesagt, du mußt jetzt etwas tun, du mußt anders werden. Ich sah mich schon als hoffnungslosen Fall, selbst noch in dem Kurs. Da haben wir uns einmal eine Skulptur vorstellen sollen, eine erotische Phantasie oder was immer. Wir sollten die Augen zumachen, uns fallen lassen und dann eine Vision haben.

An den Tag erinnere ich mich noch mit peinlicher Genauigkeit. Das war nämlich auch so eine Enttäuschung für mich. Ich hab' mich nur wundern können, was bei den anderen da alles rausgekommen ist. Bilder voller Symbolik, ein Gockelhahn auf einem Podest, eine brodelnde Masse unter einer Decke, das Skelett eines Mannes und lauter so Sachen. Bei mir hat das überhaupt nicht funktioniert. Ich hab' mir das alles viel zu sehr im Kopf vorgestellt. Für die Psyche kam bei mir nichts Bemerkenswertes heraus. Ich hab' mich akkurat an die Vorgabe gehalten. Die Chris, unsere Psychologin, hatte uns als Beispiel genannt: Stellt euch einfach etwas vor, was sich für euch als Sexualität ausdrückt. Das kann alles sein, eine Statue, ein Mann, mitten auf einer Wiese, auf einem Felsen im Meer, egal. Und genau das hab' ich mir dann auch vorgestellt. Einen Mann auf einer Wiese oder auf einem Felsen im Meer. Es fiel mir partout nichts anderes ein. Ich hab' fieberhaft nach einer anderen Vision gesucht, noch während die anderen die ihrige schon längst vor den anderen ausbreiteten. Ich hatte keine Chance, meine Phantasie reichte zu nichts. Das Dumme dabei war, daß dieser Mann auf der Wiese oder auf dem Felsen im Meer für mich selber eine durchaus schöne Vorstellung war. Ich war eigentlich ganz zufrieden damit, wenn es mir nur wenigstens selber eingefallen wäre. Und wie die anderen dann ihre Visionen erzählten, kam ich mir armselig vor. Ich entsprach nicht den Erwartungen. Das war ein ganz dummes Gefühl und wahrscheinlich sogar nicht einmal berechtigt. Ich glaube, jede von uns war mit sich selber beschäftigt und hat auch nicht an den anderen rumgemäkelt. Bloß ich selber, ich für mich allein, hab' mir zum tausendsten Mal gesagt, vergiß es, du bringst es halt nicht. Aber genauso zum tausendsten Mal hab' ich mich gefragt, warum bloß nicht. Was ist bei dir anders als bei den anderen Frauen. Du bist doch sonst eigentlich ganz normal.

Ich sehe nicht schlechter aus als viele andere. Ich mag meinen Körper. Ich habe eine gute Beziehung zu ihm. Die Spiegelübung, die wir machen sollten, um unsere Scheu vor uns zu überwinden, hab' ich nie gemacht. Und nicht etwa deshalb nicht, weil ich die nicht machen wollte, sondern weil sie für mich unnötig war. Ich schau' mich gerne an, im Spiegel, auch wenn ich nackig bin. Ich muß da keine Hemmschwelle überwinden. Später hab' ich mich allerdings doch gefragt, ob das nicht etwas ganz anderes ist, so gezielt Terrain für Terrain zu erforschen.

Daß wir es uns selber schön machen sollten, uns streicheln sollten, vielleicht bis zum Höhepunkt, das war schon schwieriger für mich. Das ist mir als eine so langwierige Sache erschienen. Da hatte ich nicht die nötige Geduld dazu, vielleicht auch nicht die richtige Einstellung. Ich hätte das Ganze vielleicht durchgestanden, wenn ich gewußt hätte, daß ich am Ende ein tolles Erlebnis habe. Aber ich wußte ja eh von vornherein, daß ich da unergiebig bin. Deshalb war mir das alles einfach zu mühevoll und zu unpraktisch. Dieses ganze Vorbereiten und Atmosphäre-Schaffen mit Kerzen und Blumen und Musik und all dem Zeug.

Während des Kurses ist bei mir mit dem Selbstbefriedigen überhaupt nichts gelaufen. Ein paar Monate danach war ich allein in Urlaub, ohne Mann und Kinder. Und da hat's dann plötzlich geklappt. Da hab' ich schön Zeit für mich gehabt und niemand hat mich dabei gestört. Das war ein richtiges Aha-Erlebnis für mich. Daß ich das so ganz für mich genießen konnte und daß es schön für mich war. Seitdem hab' ich es nie wieder versucht. Ich weiß nicht, ob vielleicht deshalb nicht, weil ich Angst hab', es könnte nicht mehr klappen. Ich sag' mir eher, zu Hause kann ich das irgendwie nicht. Da weiß ich gar nicht, wie ich es machen soll und wann. Tagsüber sind die Kinder da oder es klingelt das Telefon oder es läutet an der Tür. Da kann man sich doch nie auf sich selber konzentrieren. Und schon gar nicht auf so was. Und am Abend, da möchte ich auf keinen Fall, daß ich gerade mit mir beschäftigt bin und mein Mann kommt dazu. Nein, das möchte ich nicht. Nicht vor ihm. Er tut es auch nie vor mir. Wir haben das mal ganz, ganz früher gemacht, aus Verhütungsgründen. Aber ich fand das immer ziemlich blöd. Das freut mich jetzt, daß ich weiß, es geht überhaupt. Ich hab' mich mal selbst zum Orgasmus gebracht. Aber vorher, als das noch nicht war, ist es mir überhaupt nicht abgegangen. Und wenn ich's nicht hab', vermiss' ich's auch nicht.

Mit meinem Mann zusammen, wenn ich mit ihm schlafe, habe ich noch nie einen Orgasmus gehabt. Ich hab' ihm auch nie einen vorgespielt, ich hätte schon gar nicht gewußt, wie. Aber es hat mich schon jahrelang frustriert, daß das einfach nicht funktionierte. Da hab' ich auch oft geweint hinterher. Da ist man langsam so darauf fixiert, daß es endlich kommt, das ist ein solcher Druck. Ein Druck von außen, jedenfalls bei mir, denn eigentlich bin ich ganz zufrieden mit dem, wie es ist. Aber daß es bei den anderen so anders funktioniert, und nicht nur einmal, sondern sogar öfters an einem

Abend, das macht einem schon zu schaffen. Diese ganzen Reports über sexuelle Leistungen haben bei mir total ins Gegenteil umgeschlagen. Ich kann keine Prozentzahlen mehr hören: wer was wie stark, in welcher Zeit, wo und wann.

Wenn ich so Zahlen les', denk' ich mir immer, das kann doch überhaupt nicht stimmen. Woher haben die diese Zahlen? Also mich hat noch nie jemand danach gefragt. Aber diese Statistiken üben einen enormen Druck auf mich aus. Ich sag' mir, das mußt du auch bringen, sonst bist du keine Frau. Und wenn sich das dann in meinem Kopf dreht, geht im Bett überhaupt nichts mehr. Aber ich kann es mir wirklich einfach nicht vorstellen, daß man immerzu wollen kann. Daß das Körperliche so dominieren kann, egal, wie man sonst gerade zueinander steht. Das ist doch allenfalls auf einem sehr niedrigen Niveau möglich, denk' ich mir. Ich kann mit meinem Mann nur schlafen, wenn auch das Seelische zwischen uns in Ordnung ist. Für mich ist es auch keineswegs unbefriedigend, wenn wir einfach nur zusammen kuscheln, zärtlich sind. Er möchte dann allerdings schon mehr.

Diese Zweifel, ob ich irgendwie doch nicht normal bin, weil das bei mir nicht so abläuft, wie man das immer liest, die waren ein wesentlicher Grund dafür, warum ich in diesen Kurs gegangen bin. Insofern war das Ganze auch sehr positiv für mich. Es hat mich beruhigt, daß es anderen Frauen offensichtlich genauso geht wie mir. Ich hab' mich darüber hinaus auch selber besser kennengelernt. Es hat meine Zweifel, meine Komplexe zwar nicht ganz, doch wenigstens ein schönes Stück gemildert, daß ich gesehen hab', ich steh' mit meinen Problemen nicht allein da.

Manchmal hat es mir unheimlich gut getan, wenn die anderen Frauen von sich erzählten. Vor allem die Ysabel. Was die gesagt hat, war mir besonders wichtig. Weil es aus einer langen Erfahrung heraus war, weil sie den gleichen Weg gehabt hat. Das war überzeugend für mich, wie sie gesagt hat, daß sie sich das richtiggehend erarbeitet hat. Und heute kann sie ihre Sexualität genießen. Da hab' ich mir immer gedacht, die Ysabel, die war über vierzig, als sie überhaupt damit angefangen hat. Ich bin jetzt neununddreißig, da kann ich also noch Hoffnung haben. Vorher denkt man ja sowieso, mit vierzig geht man dem Ende entgegen. Und dann sieht man erst, welch schöne Chancen es gibt. Früher hab' ich immer gedacht, diese ganze Sexualität, die ist doch übertrieben, das braucht's doch gar nicht, warum putscht man das so hoch. Heute weiß ich, daß es schon ein wichtiger Punkt ist, ein wichtiger Bereich im gemeinsamen Leben. Auch wenn es für mich immer noch nicht den gleichen Stellenwert hat wie für meinen Mann.

Der zweite Grund, diesen Kurs zu besuchen, war für mich, generell mehr über Sexualität zu erfahren. Daß ich meinen beiden Töchtern einmal besser darüber Auskunft geben kann, als ich das selber erfahren hab'. Ob ich dieses Ziel erreicht hab', weiß ich nicht. Ich weiß ja heute nicht, in welcher Situation die mal stecken und mit welchen Fragen sie zu mir kommen. Aber eins ist gut: Ich hab' da jetzt keine so große Hemmschwelle mehr davor. Ich bin offener geworden. Meine Kinder haben, als sie klein waren, öfters onaniert. Damals hab' ich mich manchmal ziemlich blöd verhalten, hab' ihnen das Gefühl vermittelt, so etwas muß man klammheimlich machen. Also so auf die Tour, wenn's denn schon unbedingt sein muß, soll's wenigstens keiner merken.

Das war auch etwas sehr Positives an dem Kurs, daß ich eine positive Einstellung zur Selbstbefriedigung bekommen hab'. Daß ich gelernt hab', daß das nicht nur nicht schlecht, sondern sogar gut ist.

Daß wir alle zusammen in den Sexshop gingen, fand ich auch gut. Ich war sehr neugierig darauf. Ich dachte, das ist mal eine Gelegenheit, die du sonst nie ergreifst. Dazu fehlt dir einfach der Mut. Manches hat mir dann sogar gefallen. Es gab da Fotos in Zeitschriften und Büchern, die den Körper und die Sexualität sehr schön dargestellt haben. Da hatte ich durchaus positive Gefühle. Aber diese vielen Apparaturen, die nur auf Triebbefriedigung aus waren, diese prothesenartigen Gummis und Puppentorsos, die fand ich wahnsinnig abstoßend. Da schüttelt es mich heute noch.

Einmal in meinem Leben hab' ich mir auch einen Sexfilm angeschaut. Da bin ich ganz alleine rein, ohne Mann, ohne Freundin, einfach so. Ich weiß eigentlich gar nicht mehr so recht, ob der mir gefallen hat oder nicht. Ich glaub', ich hab' gar nicht immer zugeschaut. Das war mir gar nicht so wichtig. Ich hab' mich einfach über mich gefreut, daß ich diese Hemmschwelle überwunden hab'. Daß ich da wirklich reingegangen bin, wundert mich heute noch.

Grundsätzlich bin ich mit meinem Leben wirklich zufrieden. Es wurmt mich nur, daß ich eigentlich, in meinem Alter, noch keinen Selbst-Standort erreicht habe. Jedenfalls keinen, der für die Zukunft gelten kann. Als die erste Tochter auf die Welt kam, hab' ich meinen Beruf aufgegeben. Das hat mich ganz zerrissen, das war ein schwerer Kampf. Das macht mir auch heute noch viel aus. Aber von der Realität her muß ich sagen, es war richtig so. Es hat keinen Sinn, sich selber verwirklichen zu wollen, und die Kinder bleiben auf der Strecke. Viele Mütter müssen arbeiten, weil es finanziell nicht anders geht. Bei uns war das nicht so. Also hab' ich es der Familie zuliebe gelassen. Eine Halbtagsarbeit wäre natürlich ideal gewesen. Aber die hab' ich nicht gefunden.

Jahrelang war ich dann mit meiner Situation ziemlich unzufrieden, so sehr ich meine Familie auch liebe, so wichtig sie mir auch ist. Dann hab' ich mir ganz gezielt etwas gesucht, das mich interessiert und das ich mit meinem Dasein als Mutter und Hausfrau vereinbaren kann. Heute arbeite ich sehr aktiv beim Umweltschutz mit. Das ist eine sinnvolle, wichtige Sache. Da gibt es noch so viel zu tun. Das kann ich mir von der Zeit her auch gut einteilen.

Ich hab' in der letzten Zeit viel gelernt, was mich selber betrifft. Vor allem, daß man nicht einfach dasitzen kann und warten, bis andere was tun. Man muß es selber machen. Da haben mir auch die Gespräche mit den anderen Frauen die Augen geöffnet. Jetzt muß ich nur noch die Erkenntnis in die Tat umsetzen.

*Regine, 28, Diplompädagogin, seit drei Jahren verheiratet, Zwillinge (2 Jahre alt), Mann 33, ebenfalls Diplompädagoge.*

Dieser Kurs war für mich ein ungeheurer Anstubser. Der hat mich so beflügelt, ich hab' seitdem oft das Gefühl, ich lebe wie auf einer Wolke.

Ich hab' gemerkt, daß ich sehr viel von meiner Sexualität nicht gekannt hab', daß ich mich als Frau längst nicht so akzeptiert hab', wie ich das von mir dachte. Ich bin freier geworden, beschwingt von einer Phantasie, die ich zuvor nie gehabt habe. Meine eigene Weiblichkeit und Sexualität ist mir viel bewußter als je zuvor.

Es gibt ja für alles einen Sender und einen Empfänger. Ich war jahrelang vielleicht gar nichts mehr. Ich hab' mich nach der Geburt von den Zwillingen einfach zu sehr in die Mutterrolle reingesetzt. Das Bedürfnis nach Sex war zwar nicht gerade tabu. Aber es stand doch sehr, sehr daneben. Da hab' ich mich jetzt wieder zurückentwickelt, mich darauf besonnen, daß ich in erster Linie Frau bin. Nicht nur Mutter, die Mutter mit dem schlappen grauen Pulli, die den Kinderwagen vor sich herschiebt. Da bin ich unheimlich froh darüber, daß ich wieder vorwärtsgehende Gedanken hab', aus dieser totalen Mutterrolle rauszufinden. Ich zieh' mich auch wieder völlig anders an, beurteile andere Leute auch ganz anders. Ohne Anstoß hätte sich da bei mir nichts freigesetzt.

Die Freisetzung kam nicht umgehend mit dem Kurs. Nicht sozusagen als Abschlußzeugnis. Das hat sich erst im nachhinein ausgewirkt, über Monate hinweg. Und die ganze Zeit dazwischen hab' ich immer nur um das Thema herumgedacht, mich damit in Gedanken beschäftigt. Daß ich so viele Einblicke bekommen hab', was die anderen Frauen erleben, hat mich so beflügelt, daß ich selber einen Schritt vor die Tür gegangen bin.

In den Kurs ging ich nicht aus einem seelischen Konflikt heraus, also ohne Erwartungszwang, ohne Leistungszwang. Ich hatte nur das Gefühl, es wäre wichtig für mich, daß ich mich mit dem Thema einmal näher befasse. Daß ich mich mit meiner Sexualität auseinandersetze, und zwar gemeinsam mit anderen Frauen. Offensichtlich hatte ich instinktiv das Bedürfnis, in dieser Hinsicht etwas zu verändern. Ich vertraue meinen Instinkten, das sind für mich immer Warnsignale.

Sexualität hab' ich nie so ausgelebt, wie ich sie hätte ausleben können. Vornehmlich aus moralischen Gründen. Ich hab' auch nie Seitensprünge gemacht. Von daheim hab' ich immer mitbekommen: Lieber eine unglückliche Ehe als einmal ausbüchsen. Das saß in mir drin. Ganz abgesehen davon, daß der D. und ich absolut nicht unglücklich miteinander waren. Wir haben zwar nicht aus Überzeugung geheiratet, aber es war eine ganz normale Ehe. Akute Probleme gab es nicht. Trotzdem ging ich in den Kurs.

Und dann hab' ich dort festgestellt, daß mir wirklich das gewisse Etwas fehlte. Daß mir Attraktivität abgegangen ist. So Erlebnisse, wie die Chris, unsere Psychologin, erzählte, daß man jemanden mit Sekt übergießt und das dann genießt, der eine, der ihn vom Körper ableckt, und der andere, der ihn sich ablecken läßt, das hat mich einfach umgehauen. Dieses Sich-Gehenlassen, das war mir fremd. Ich hab' mir das selber immer vorenthalten. Das war ein fast schmerzliches Erlebnis, wo ich mir sagte, verdammt, das sind Sachen, die ich mir gern erlaubt hätte, aber doch nicht getan habe.

Der D. und ich haben das Thema plötzlich zum Thema gemacht. Wir haben fast jeden Abend miteinander darüber geredet. Dabei kam auch heraus, daß er immer das Gefühl gehabt hat, ich wär' total zu. Daß er sich nie getraut hat, sich seinen Phantasien vor mir hinzugeben, mir davon zu erzählen. Ich selbst hab' ja früher keine Phantasien gehabt, das hat sich erst entwickelt. Wahrscheinlich hatte ich keine, weil ich es mir unbewußt verboten hab'. Ich hab' einfach Schwierigkeiten gehabt, es zuzulassen. Der D. und ich, wir sind jetzt viel offener miteinander.

Leichtgefallen ist mir der Kurs oft nicht. Und oft hat es mich auch ganz schön genervt, wenn es nicht so zügig weiterging, wie ich es mir vorgestellt habe. Man kann nicht jeden Dienstagvormittag zwischen 9 und 10.30 Uhr eine Erleuchtung kriegen und knallharte Ergebnisse auf den Tisch. Das ist alles schon viel mühsamer.

Aber immer wieder gab es ganz unvermittelt tolle Erlebnisse. Es hat mich unheimlich gefreut, daß mir jemand aus unserer Runde während einer Übung gesagt hat, daß man bei mir die Gefühle vom Gesicht ablesen kann und daß er mich schön findet. Das sind beides Sachen gewesen, die ich von mir nicht geglaubt habe. Überhaupt, all diese anderen Frauen kennenzulernen, jede einzelne von ihnen, sie erzählen zu hören, wie es ihnen bisher ergangen ist. Daß man so viele Frauen aus total verschiedenem Hintergrund zusammenbringt. Und daß man gezwungen wird, über sich selber nachzudenken. Bequem war das nicht. Weder äußerlich noch innerlich.

Wenn wir auf dem Boden gelegen haben und uns das und das vorstellen sollten, in diesem kahlen Raum von der Volkshochschule, war das schon oft eine große innere Anstrengung, ein Muß. Da mußte man durch. Das hat mir auch oft angst gemacht, ich wußte ja nicht, was mich am anderen Ende erwartete. Ich bin am Dienstag, wenn Kurs war, immer mit einem gewissen Widerwillen hin. Und dann bin ich jedesmal total ungern wieder weg. Kaum war ich zu Hause, hat schon der D. angerufen: Wie war's. Er war richtig stimuliert. Abends war der Fernseher ganz weit weg. Der D. hat sich sein Mineralwasser geholt, sich mir gegenübergesetzt und gesagt: Erzähl.

Nur positiv war der Kurs für meinen Mann absolut nicht. Der hat ihm auch ganz schön zu schaffen gemacht. Weil ich ja anders wurde. Weil ich gemerkt hab', was ich vermisse, was ich gerne möchte, was bisher nicht stattgefunden hat bei uns, bei ihm. So was wie mehr Zärtlichkeit zum Beispiel. Er hatte Schwierigkeiten damit, daß ich da anders dachte als er, anders wollte. Ich hatte allmählich ein ganz klares Gefühl, was ich für Bedürfnisse hab'. Damit hat er erst einmal zurechtkommen müssen. Das war oft Thema eines Streits. Mittlerweile hat sich das so entwickelt, daß es immer schöner wird. Daß auch er sich wandelt, auch in bezug auf Zärtlichkeit. Die letzten paar Male, wo wir miteinander geschlafen haben, waren unheimlich schön, die haben mich sehr befriedigt.

Das liegt auch sehr an mir. Früher war ich viel passiver. Das heißt, ich war schon aktiv, ich bin nicht einfach nur so druntergelegen. Aber ich hab' kein Gefühl dafür gehabt, was *ich* will, worum es *mir* geht, was für *mich* Erfüllung ist. Das ist erst jetzt rausgekommen. Da mußte der D. auch erst mal mitziehen. Natürlich hat ihn das in seiner Bequemlichkeit gestört. Bei uns war erst einmal wirklich wochenlang tote Hose, weil ich mir nach dem Kurs erst einmal Klarheit über mich selbst verschaffen wollte. So hatte er sich das ja auch nicht vorgestellt. Der D. ist zwar nicht der Mann, der sagt, so, jetzt gehst du in einen Sexkurs, und das ist es dann. Aber daß es erstmal rückwärts geht, damit hat er natürlich auch nicht gerechnet.

Wenn ich mit dem D. schlafe, habe ich auch heute noch keinerlei sexuelle Phantasien, da ist zuviel Liebe drin. Manchmal vermisse ich an ihm die Spontaneität. Er ist voll im Berufsleben, kommt abends abgekämpft nach Hause, Kreativität muß von mir kommen. Es fällt ihm grundsätzlich schwerer als mir, zu sagen, was ihn kränkt, was ihn ärgert, was ihm weh tut. Da muß man schon ganz schöne Bömbchen unter die Mauer legen, bis man an ihn rankommt, das ist Arbeit. Aber es ist wieder unheimlich lebendig geworden bei uns. Wir wollen die Wohnung umstellen, nicht mehr Wohnzimmer, Schlafzimmer, Kinderzimmer. Sondern jeder sein Zimmer, seinen eigenen Bereich. Ich sehne mich nach der Zeit, in der wir so lebten.

Selbstbefriedigung, das hab' ich unheimlich früh gemacht. Ich glaube, ich hab' wirklich ein gutes Verhältnis zu meinem ganzen Unterleib. Wenn ich mich nicht wohl fühl', spielt sich alles da unten drin ab, da sitzt es bei mir. Nicht im Kopf, nicht in den Gliedern. Von da krieg' ich so viele Signale, auf die ich aufpassen muß. Die nehme ich auch ernst. Siehe den Kurs.

Ich hab' nie einem Mann einen Orgasmus vorgespielt. Wenn ich in Fahrt bin, komm' ich auch. Und dann geh' ich hoch wie eine Rakete. Vielleicht oft etwas zu früh. Meist bin ich diejenige, die zuerst kommt. Früher war mir das unangenehm, ich hatte die Vorstellung in mir, daß der Mann zuerst kommen muß. Heute macht mir das nichts mehr aus, weil man die Zeit danach ja auch noch schön miteinander verbringen kann. Da ist ja nicht die Puste draußen.

Bei uns daheim hat meine Mutter die Erziehung ganz in der Hand gehabt. Du bist ja mehr ein Junge als ein Mädchen, hat sie immer zu mir gesagt. Das war bis zu meinem zwölften Lebensjahr auch völlig in mir drin. Ich war ein totaler Wildfang. An mir war nichts Mädchenhaftes. Wie ich die erste Periode bekommen hab', da hat sie plötzlich eine Kerze in der Küche aufgestellt. So, hat sie gesagt, das ist ein ganz wichtiger Moment in deinem Leben. Jetzt wirst du eine Frau, jetzt kriegst du einen Busen. Ich hab' mich aber gar nicht anders gefühlt als zuvor. Ich hab' auch hinterher nie Röcke angehabt. Meine Mutter war ganz unglücklich darüber, daß ich einfach keine Frau werden wollte. Da mußte ich, nach der ersten Periode, plötzlich kochen lernen. Und weil ich in Handarbeit so schlecht war, mußte ich ab sofort jeden Tag eine Stunde stricken. Sonst, wenn du so weitermachst, hat meine Mutter immer gesagt, kriegst du nie einen Mann. Das hat mich aber ziemlich kalt gelassen, weil ich mir ganz sicher war, daß es irgendwo auf der Welt doch einen Mann gibt, dem das völlig egal ist, ob ich stricken kann oder nicht. Und den hab' ich dann ja auch bekommen.

Sehr lehrreich waren diese JA/NEIN-Übungen im Kurs für mich. Da ist mir erst einmal bewußt geworden, wie wenig ich bisher zu anderen nein sagen konnte. Ich hab' das dann systematisch trainiert. Mit den Kindern ist es mir nicht so geglückt. Und mit dem D. hat es erst auch ganz schöne Konflikte gebracht. Weil ich plötzlich total anders reagiert hab', als er es gewöhnt war. Mit so etwas kann man jemanden, der nicht darauf gefaßt ist, schon überrollen. Ich hab' ihn nicht vorgewarnt, hab' nicht gesagt, du, ich mach' jetzt meine Übung. Ich hab' einfach plötzlich NEIN!!!! gesagt, wo ich vorher zweiundvierzigmal ja sagte, auch wenn ich eigentlich nein meinte. Das war ganz schön happig für ihn. Das mußte er erst verdauen.

Die Briefe, die wir schreiben sollten, hab' ich nicht geschrieben. Keinen. Ich hab' zwar einen versucht, an den Vater, aber das hat mich nicht befriedigt. Ich hatte immer einen ziemlichen Haß auf meinen Vater. Darüber konnte ich nicht einmal mit dem D. reden, erst in der Frauengruppe. Das Gefühl, wieder mehr Frau zu werden, ein selbständiges sexuelles Leben zu führen, hat mir sehr geholfen. Da ist etwas aufgewacht in mir. Und irgendwie hat das gleichzeitig auch einen Trennungsprozeß ausgelöst bei mir. Der Vater, der war immer so eine Instanz, die dazwischen stand, immer präsent war. Drohend. Das hat sich auch geändert in meinem Inneren. Mein Vater ist längst tot. Trotzdem hat es lange gebraucht, bis ich das verarbeitet hab'.

Ich hab' eine Freundin, drei Kinder, alleinstehend. Die ist ganz anders als ich. Die hat mich schon vorher aus meinem Hausfrauen-Mutter-Dasein rausholen wollen. Das hat erst aber nicht funktioniert. Als ich dann in dem Kurs war und beides zusammenkam, klappte es besser. Es war ja auch nicht so gewesen, daß ich während der ganzen Zeit nichts als Windeln im Kopf gehabt hätte. Ich hab' meine Diplomarbeit geschrieben. Aber trotzdem war ich irgendwie wie abgeschnitten. Ich verspürte auch keinerlei Lust, irgendwas aus mir zu machen. Ich hab' mir gesagt, ich hab' eine Knuddelnase, ich kann auch keinen Minirock anziehen, ich hab' keine schönen Beine. Ich hab's von vornherein gleich gar nicht erst versucht. Heute denk' ich mir, scheiß auf die Knuddelnase und die Beine, zieh einen Mini an. Und ich fühl' mich gut, weil ich was ausstrahl'.

Vor kurzem hab' ich mich verliebt. Das ist, von der praktischen Seite her gesehen, ganz unbefriedigend, weil ich nichts mache aus dieser Sache. Aber irgendwas ist in mir aufgetaut. Ich war immer völlig zu für andere Männer, oft auch voller Aggression. Jetzt fühl' ich mich anders. Ich möchte einfach mal, wenn auch nur à distance, ausprobieren, was könnte sein, wenn ... Der D. ist für mich der Mann, den ich mir fürs Leben vorstelle. Ich hab' nicht den Wunsch, ihn zu verlassen. Aber deswegen verschließ' ich mich nicht mehr so total für andere Männer. Daß ich rundum eine Frau bin, dieses Gefühl genieße ich heute. Ich sperr' mich nicht mehr dagegen. Das ist unwahrscheinlich schön für mich, jedenfalls im Moment.

Im Sexshop war ich inzwischen auch schon einmal ganz allein. Am Anfang war ich schwer unsicher. Ich hab' dem D. zum Geburtstag einen Vibrator schenken wollen. Da bin ich also rein, wild entschlossen, in Lederjacke und Jeans. Ich hab' mich extra nicht frauenmäßig angezogen, daß niemand an mich rankommt. Der Verkäufer war ganz schön verdutzt, daß da so eine Frau reinkommt, an einem Montagvormittag, so ganz alleine. Und daß ich auch genau wußte, was ich wollte. Und da wollte der mir trotzdem erst so einen Riesenpenis andrehen. Da kommt mir aber eher das Kotzen, als daß ich das gut fände. Dann hat er mir seine Vibratorkollektion gezeigt. Und dann hab' ich einen ausgesucht. Ich war einfach stolz auf mich, daß ich da drin war. Ich wollte es ausprobieren, ohne Gruppe. Aber ich war schon auch froh, daß sonst kein Mensch in dem Laden war. Außer dem Verkäufer. Und dann hab' ich mir gedacht, den schaffst du jetzt auch noch.

*Andrea, 27, Typodesignerin, alleinstehend.*
Die verrückteste Sache in meinem Leben hab' ich an einem Weihnachtstag in Rom erlebt. Angefangen hat es auf der Spanischen Treppe. Ich saß da mit einer Freundin. Neben uns saß ein Franzose mit seinem Freund. Wir haben uns angeschaut, angelacht, es knisterte unheimlich hin und her. Jedenfalls zwischen mir und dem einen Franzosen. Das ging eine ganze Weile so. Irgendwann, irgendwie bin ich die Freundin dann losgeworden. Ohne daß wir ein Wort darüber verloren hätten, uns darüber verständigt hätten, sind wir einfach zusammen fortgegangen, ins Hotel der beiden. Da bin ich mit dem einen von ihnen aufs Zimmer. Wir haben uns sofort geliebt, es war total schön. So lustvoll wie nie. Irgendwann kam dann der andere dazu und dann haben wir es zu dritt gemacht, und es war immer noch schön. Es stimmte einfach so, wie es war an diesem Tag, mit diesen beiden. Ein Wahnsinn. Auch schon deshalb, weil ich kein Wort französisch sprach und sie kein Wort deutsch. Das war komisch, aufregend, ja, und eben schön. Irgendwann bin ich dann aufgestanden, hab' mich angezogen und bin weggegangen. Am nächsten Tag haben wir uns durch Zufall wiedergesehen, irgendwo beim Kapitol. Wir haben uns zugelächelt, meine Freundin war dabei. Es blieb beim Lächeln und Vorübergehen.

Ich habe diese Geschichte erzählt, damals, als wir während des Kurses zusammensaßen und über unser schönstes sexuelles Erlebnis sprachen. Da haben mich manche angeschaut und gesagt: Warum bist du eigentlich in diesem Kurs, du bist doch so erotisch, so frei, du hast doch keine Probleme mit der Sexualität.

Genau das ist der Punkt. Ich habe keine Probleme mit der Sexualität, solange ich eine gewisse Nähe nicht erreiche. Ich kann mit meiner Lust wunderbar leben, mir auch was nehmen, an mich denken – solange keine starken Gefühle mit eingebunden sind. Wenn ich mit einem Mann schlafe, dem ich innerlich näher bin, rutsche ich sehr leicht in eine ohnmächtige Rolle ab, so daß ich alles nur noch mit mir geschehen lasse. Und es ist dann auch einfach so, daß ab einer gewissen Stärke des Gefühls meine Lust verschwindet. Die ganze Erregung ist auf einmal mittendrin weg, ohne einen äußeren Anlaß.

Das war ein Grund für mich, zu dem Kurs zu gehen, um vielleicht rauszukriegen, warum das so ist. Wo meine Blockaden liegen. Warum ich so

Angst habe vor dem Fallenlassen, warum ich zu große Nähe als Bedrohung empfinde.

Meine Lust im Bett verringert sich automatisch in dem Maße, wie die gefühlsmäßige Bindung stärker wird. Das Problem ist, daß ich dann diese Leichtigkeit verlier' und statt dessen die Angst kommt. Und das ist schade, wenn du Lust nur mit Menschen erleben kannst, die dir eher fremd sind.

Auch mir ist, wie den meisten Frauen, die den Kurs mitmachten, Sexualität von Kindheit auf nur negativ vermittelt worden. Von Lustgefühlen hat mir nie jemand etwas erzählt. Die ganze Aufklärung, die stattfand, lief nur auf Schwanger-Werden oder Nicht-schwanger-Werden, also Verhüten hinaus. Aber daß man da so mit seinen Gefühlen konfrontiert wird, daß das nicht einfach nur so eine körperliche Sache ist, das hat mich später richtig umgeworfen. Ich war dagegen nicht gewappnet, daß Sexualität auch eine Sehnsucht nach Nähe, nach Geborgenheit mit sich bringen kann.

Ich bin bei meinen Großeltern aufgewachsen. Ich kam erst mit zwölf Jahren zu meiner Mutter. Das hat offensichtlich Schwierigkeiten in mir festgelegt. Nähe wirkt ab einer gewissen Stärke automatisch bedrückend auf mich. Mit dem S., meinem Freund, bin ich seit vier Jahren zusammen. Zu Anfang unserer Beziehung habe ich starke Migräneanfälle bekommen. Früher dachte ich, es müßte irgendwie nur der richtige Mann auftauchen, dann würde sich alles in Wohlgefallen auflösen. Das hab' ich mittlerweile gelernt, daß das nicht so ist. Durch den Kurs hab' ich auch gelernt, mehr auf meine eigenen Gefühle zu achten, nicht nur auf andere zu reagieren, nicht nur zu denken, was läuft bei dem ab.

Diese Erkenntnis hat sich keineswegs postwendend positiv auf unser Verhältnis ausgewirkt, im Gegenteil. Das alles hat den S. ganz schön frustriert. Zärtlichkeit zum Beispiel ist genau das Thema, das für ihn am schwersten ist. Er kann Zärtlichkeit schon bringen, als Weg zum Ziel. Aber nicht einfach so.

Einen Orgasmus vorgespielt hab' ich ihm noch nie, auch keinem anderen Mann. Was aber öfters passiert ist: daß ich hinterher einen Heulkrampf hab'. Nicht etwa vor Schmerzen, sondern einfach so. Und daß ich noch nie einen vaginalen Orgasmus hatte, sondern immer nur einen klitoralen. Ich weiß, daß es den vaginalen lang nicht so häufig wie den klitoralen gibt. Aber wenn man ihn nie hat, kann da leicht so ein Druck entstehen: du mußt es bringen, sonst bist du ein Versager.

Das ist auch etwas, das mir der Kurs gebracht hat. Daß ich mir sag', bei einer Frau ist das einfach häufig so, daß ich nicht immer denk', ich steh' alleine damit da. Ich hab' über diese Sachen nur ein einziges Mal mit einer Freundin gesprochen, die hat auch noch nie einen vaginalen Orgasmus gehabt. Wobei die Männer, mit denen sie geschlafen hat, alle behauptet haben, die anderen Frauen hätten das immer.

Ich hab' während dieser gemeinsamen Gespräche in der Gruppe gesehen, daß ich doch irgendwie ganz normal bin. Ich hab' auch gelernt, daß die Frau die Verantwortung für ihre Sexualität hat und nicht darauf warten soll: jetzt kommt der Richtige, der weiß, wie es geht, und dann ist alles in Ordnung. Sondern daß sie sich selber damit auseinandersetzt. Das Thema Sexualität ist in meinen Augen ohnehin viel zu sehr auf den Mann fixiert, daß der seine Lust, seine Gefühle auslebt, aber nicht die Frau. Für die bleibt das Passive, das Aushalten, das Ertragen. Aber nicht etwas, das man gemeinsam austauscht.

Bei mir war es so, daß ich durch die Gespräche mit den anderen Frauen und mit der Therapeutin mehr Mut bekommen hab', zu meinen Problemen zu stehen. Mit meinem Freund nur dann zu schlafen, wenn ich auch will. Vorher war das nie so eine bewußte Entscheidung. Seitdem achte ich stärker auf meine Gefühle, was will ich, was will ich nicht. Ich steh' zu meinen Bedürfnissen. Also: Wärme und Zärtlichkeit und miteinander schmusen. Und nicht unabdingbar hinterher auch Sex.

Unsere Schwierigkeiten sind in dieser Zeit immer stärker geworden. Die Verletzungen, die mein Verhalten beim S. ausgelöst hat, waren stark. Er hat es alles sehr persönlich genommen. Ich habe mich, wie er es empfand, von ihm fort entwickelt. Es ist immer unerträglicher geworden. Er konnte das nicht trennen. Es war so eine Bedrohung für ihn. Und er hat auch so wenig versucht, das mitzutragen, zu verstehen, warum das so ist. Er ist dann oft einfach mitten in der Nacht aufgestanden, hat sich angezogen und ist gegangen. Ich hab' mir oft gedacht, wenn ich dem S. was vorspielen würde, wäre es leichter. Er hat manchmal regelrecht mit Impotenz reagiert.

Die letzten Monate waren für uns ein großes Auf und Ab. Vor vier Wochen haben wir die Beziehung mal wieder abgebrochen, weil es im Augenblick zu viele Reibereien gibt und zuwenig Entlastung. Wir haben uns nicht getrennt, weil wir uns nicht mehr mögen, sondern weil wir uns lieben. Aber es geht nicht.

Innerhalb einer Lebensgemeinschaft muß es für mich grundsätzlich immer möglich sein, wieder zu gehen – und sei es auch nur eine räumliche Trennung. Ich könnte nicht jemanden heiraten, der eine starre Vorstellung von der Ehe und dem Zusammenleben hat. Also so auf die Tour: Dreizimmerwohnung mit Wohnzimmer, Schlafzimmer, Kinderzimmer. Das macht mir angst. Sobald ich liebe, fühle ich mich sowieso eingeengt, weil ich mich dann immer zu stark anpasse. Und dann bleibt mir ab einem gewissen Punkt nur noch die Flucht. Diese Angst, daß ich selber nicht mehr existiere, daß es mich nicht mehr gibt, daß ich mir selber untreu werde, ist sehr groß.

Die ganzen Übungen, die wir in dem Kurs gemacht haben, gleich, ob nun im Kopf oder aus dem Körperbewußtsein heraus, fand ich sehr hilfreich. Angenehm war es nicht immer. Als wir uns die Skulptur vorstellen sollten, irgendein Monument, sah ich das Skelett eines toten Mannes. Ich sollte dann immer näher darauf zugehen. Und je näher ich darauf zugegangen bin, desto größer ist das Skelett geworden und desto größer auch die Angst. Die Chris hat mich dann aufgefordert, ich soll diesem Skelett von einem Mann meine Hand geben, eine Art Freundschaftsgeste. Und das hab' ich auch gemacht. Ich konnte das dann zulassen. Und während ich es tat, hat sich das Skelett verwandelt. In irgendwas Neutrales.

Den Brief an meine Mutter hab' ich nicht geschrieben. Weil mir das einfach zu schwer gefallen ist. Auch diese Einteilung: was ich an dir mag und was ich an dir nicht mag. Das brachte ich nicht über mich, da war eine totale Blockade da.

Die Übungen vor dem Spiegel, mit dem Streicheln, Sich-Anschauen, Riechen, Schmecken, die habe ich, wenn auch nicht regelmäßig, gemacht. Der Anfang ist mir manchmal schwergefallen. Es kostet mich immer eine Überwindung, mir zu sagen, das machst du jetzt, dafür nimmst du dir jetzt Zeit. Die Aggressionsübungen, auch daß man miteinander kämpft, die hätt' ich gerne gemacht. Ich hab's auch mal mit meinem Freund versucht. Er hat aber total abgeblockt, das konnt' er nicht mehr einordnen. Wenn dann so ein Kampf in einem Liebesspiel endet, also etwas freisetzt, das würde mir schon gefallen. Aber der S. macht da nicht mit. Es bedroht ihn schnell etwas, es bringt ihn schnell etwas aus dem Konzept. Er muß dann immer erst weggehen, damit er wieder zu sich kommt. Mir liegt es mehr, das Kämpfen, das Sich-Ausleben. Als wir uns ein Tier vorstellen sollten, bin ich auch lieber ein Löwe gewesen und kein Schmetterling.

Erotische Phantasien hab' ich nur, wenn ich alleine bin, um mich selber in Erregung zu bringen. Aber nie, wenn ich mit jemandem schlafe. Wenn ich mich selber befriedige, denke ich oft an Menschen, die ich kenne, zu denen ich irgendeine gefühlsmäßige Bindung habe, aus der keine Liebe, keine Affäre geworden ist – aber hätte werden können. Da stell' ich mir dann vor, daß der mich streichelt oder küßt, eben da ist.

Mir passiert es relativ oft, daß ich mich sofort verliebe, auf der Stelle. Ich seh' jemanden und bin einfach weg. Das passiert mir wirklich häufig, daß jemand ganz starke Lustgefühle, ein ganz starkes sexuelles Bedürfnis in mir auslöst. Aber, wie gesagt, auf die Distanz. Manchmal kommt es ja dann auch zu mehr. Meist aber ist die Phantasie schöner. Wenn die gefühlsmäßige Bindung dazukommt, wird es ja sowieso bei mir schwierig.

Ich hab' inzwischen einige Bücher gelesen, um von dieser Haltung »Der Mann wird's schon richten« wegzukommen. Ich hab' überhaupt versucht, einiges für mich zu tun. Eine ganz tolle Erfahrung war mein Bauchtanzkurs. Den mach' ich übrigens immer noch. Das hat eine Menge Energie bei mir freigesetzt. Auch Mut. Man muß sich am Anfang ja schon rein körperlich ganz schön überwinden. Wenn der Busen so wackelt und man den Fettansatz am Bauch notgedrungen auch noch so richtig schön präsentiert. Mut hab' ich auch durch die Gespräche mit den anderen Frauen und mit der Therapeutin bekommen, den Mut, zu sagen, ich hab' einfach Schwierigkeiten mit der Sexualität, ich hab' zum Beispiel keinen vaginalen Orgasmus, das ist einfach so. Oder: Ich brauch' eine andere Stimulierung dazu als einen Mann, und das hat nichts damit zu tun, daß ich etwa nicht normal wäre.

Ich wollte lernen, das anzunehmen. Und nicht länger zu denken, da stimmt was nicht. Diese Erwartungshaltung, die da immer von den Männern kommt. Eine andere Stimulierung als ihr Penis, das ist doch nichts Gescheites, das wird von ihnen immer nur als Ersatz angesehen, ganz gleich, ob das mit den Fingern ist oder mit dem Vibrator oder mit was auch immer. Das gilt nicht, wenn sie selber verfügbar sind. Aber schließlich ist es doch egal, auf welche Weise man zu seinem Lustgefühl kommt. Das kann für sich selber stehen und damit rund und abgeschlossen sein. Es muß nichts folgen. Das, genau das als »in Ordnung« zu empfinden, hat mir der Kurs möglich gemacht.

Eine heiße Geschichte war ja unser Besuch in diesem Sexshop. Wie wir uns da, Kopf stolz erhoben, durchgekämpft haben, die Spitzenhöschen fachmännisch begutachtend, die Gummiattrappen, die Marterwerkzeuge. Ich glaube, wohl alle mit dem peinigenden Hintergedanken: Was mögen die Verkäufer bloß von uns denken, wofür halten die uns.

Hinterher hab' ich gehört, daß die Lexi, unsere Superschlaue, viel zu früh da war, alleine reinging und fragte, ob der Frauenkurs von der Volkshochschule schon da sei. Das fand ich stark. Das hat mich hinterher so was von amüsiert!

*Ysabel A., 54, Hausfrau, seit 25 Jahren verheiratet, drei Kinder zwischen 15 und 22, Mann 48, Ingenieur.*

Für mich ist Sex etwas Schönes, wenn mein Leben einigermaßen harmonisch verläuft. Sonst kann ich nicht. Ich habe, im Alltag, nie was Großes von meinem Mann verlangt, immer nur Kleinigkeiten. Aber ich hab' nichts davon bekommen. Und das hat sich dann langsam auch aufs Bett verlagert. Das war für mich schlimm. Ich hab' halt mitgemacht, aus Pflicht. Aber es war im Lauf der Zeit eine grauenhafte Sache, weil wir uns innerlich nicht nahe waren. Ich hab' mit ihm nicht mehr, wie früher, einen Orgasmus gehabt. Es hat nicht mehr geklappt. Ich gehöre nicht zu den Frauen, die den Sex einfach an sich brauchen. Weil es zwischen uns sonst so fremd geworden war, war auch in dieser Hinsicht bei mir alles zu. Ich rede inzwischen mit vielen Frauen darüber. Den meisten geht es ähnlich.

Mein Mann, der kann einfach nicht »nur« zärtlich sein. Sein Sex ist nicht grob, er kann nur keine Zärtlichkeit geben, ohne dafür dann auch Sex zu bekommen. Das war der große Unterschied zwischen uns. Ich hab' die Zärtlichkeit gebraucht und die Wärme. Wenn wir abends zusammen ins Bett gingen, hab' ich oft nicht einmal mehr die Hand von ihm genommen, weil ich dachte, dann kommt alles andere auch automatisch. Sobald ich nur einfach zärtlich neben ihm sein wollte, Hand in Hand einschlafen, löste ich sofort ganz automatisch bei ihm das »Ziel« Geschlechtsverkehr aus. Ich hab' mich dann gar nicht mehr getraut, ihn auch nur zu berühren. Das war eine schlimme Zeit. Heute können wir miteinander auch einfach nur kuscheln. Heute kann ich ihm auch sagen, du, heut' wird nur das sein und sonst nichts. Das trau' ich mich jetzt.

Die Krise kam, als ich vierzig Jahre alt war. Ich kam vor siebenundzwanzig Jahren aus Spanien nach Deutschland. Ich war immer ein aktiver Mensch. Ich bin daheim, zu Francos Zeiten, zu jeder Demonstration gegangen. Ich hab' mich immer für alles interessiert, engagiert. Vor allem aber für die Frauen. Heute hab' ich eingesehen: mit Massen erreicht man nichts. Du mußt ganz alleine etwas ändern, in deinem eigenen Bereich. Wir waren zu Hause drei Schwestern und zwei Brüder. Wir, die Mädchen, haben alles gemacht. Die Brüder haben nie helfen müssen. Meine Kinder, zwei Mädchen und ein Junge, hab' ich anders erzogen. Also gleichwertig.

Mein Mann war nicht die erste Liebe, aber die erste sexuelle Beziehung in meinem Leben. Wir haben uns selbst alles verboten, wir Frauen damals. Jedenfalls da, wo ich herkomme. Ich hab' fünf Jahre lang einen Freund gehabt. Aber der hat sexuell nichts von mir verlangt. Das kam für ihn gar nicht in Frage. Die Männer, die Sex wollten, die konnten zur Hure gehen. Aber wenn ein Mann heiraten wollte, mußte es eine Jungfrau sein. Mein Freund wollte mich heiraten. Also ließ er mich in Ruhe.

Auch wenn du als Mädchen, als Frau Gefühle gehabt hast, Sehnsüchte, Lust, hast du das total unterdrücken müssen. Das war tabu. Auch Masturbation, oder auch nur der Gedanke daran, war Sünde. Küssen und umarmen durfte man sich, weiter nichts. Nicht einmal die Genitalien auch nur berühren, auf keinen Fall. Das war ein Heiligtum. Wenn du gemerkt hast, beim Küssen, das geht weiter bei dir, das macht dir Lust, hast du sofort aufgehört damit. Das war die Grenze, die du nicht überschritten hast.

Und so war ich also fünf Jahre lang mit meinem ersten Freund zusammen. Fünf Jahre, und es ist nichts passiert. Das war einfach langweilig. Dann starb meine Mutter, die Familie war in Schulden, und ich hab' gesagt, jetzt fahr' ich nach Deutschland, arbeite dort, um alles abbezahlen zu können, und dann komm' ich wieder heim. Aber ich bin nie wieder heim. Ich hab' hier meinen Mann kennengelernt. An ihm hat mir imponiert, daß er studiert hat, daß er so gescheit war. Ich hab' gedacht, so ein Mensch, der muß gut sein. Er hat mich auch sehr respektiert. Bis wir geheiratet haben, haben wir nicht miteinander geschlafen. Ich habe schon ein bißchen mehr Liebe mit ihm gemacht als mit dem Freund in Spanien, aber eben noch immer sehr wenig. Wir haben in der Hochzeitsnacht zum ersten Mal miteinander geschlafen. Da war ich fast neunundzwanzig Jahre alt.

Natürlich war ich als junger Mensch neugierig auf Sexualität. Ich wollte das auch haben. Aber ich hätte es mich vor einer Heirat nie getraut. Zu Hause hat mit uns niemand je über Sexualität gesprochen, weder positiv noch negativ. Das war tabu. In der Schule, in der Gesellschaft, selbst in Gesprächen unter Freundinnen. Sexualität wurde totgeschwiegen, das gab es einfach überhaupt nicht. Es blieb dir nur die Phantasie.

Meine Hochzeitsnacht war vom Gefühl her eine furchtbar traurige Nacht. Wir haben in Spanien geheiratet. Einen Tag danach sind wir wieder zurück nach Deutschland. Ich hab' immer gedacht, es ist nur wegen dem Weggehen, daß ich so traurig bin. In Wirklichkeit war es wohl mehr die Angst vor dem, was da auf mich zukam: Sexualität, ganz echt und wirklich mit einem Mann. Ohne Vorbereitung, einfach so. Heute ist der 20. April, heut' ist es soweit, basta. Ich kann heute nicht mehr sagen, ich war enttäuscht oder ich war nicht enttäuscht. Ich wußte einfach, es mußte sein. Ich hab' mich nicht geprüft, was ich fühle, bin ich glücklich, bin ich unglücklich und warum, oder warum nicht. Es war soviel durcheinander in mir.

Aber diese ganze Bettgeschichte, diese mir bis dahin total unbekannte Sexualität, die hat mir, nach den Anfangsschwierigkeiten, schon gefallen. Nicht nur, weil ich Kinder haben wollte und schon aus diesem Grund alles akzeptiert hätte. Nein, das war es nicht allein. Ich hab's auch mit Genuß gemacht. Mein Mann war anfangs sehr behutsam mit mir, zärtlich. Wenn ich oft so lese, wie manche Männer sind, nein, in dieser Beziehung ging es uns damals gut. Wir hatten in anderen Bereichen Schwierigkeiten.

Wir haben in Spanien viele Tabus gehabt, vor allem in bezug auf Frauen. Aber zu Hause, in den eigenen vier Wänden, da hat die Frau das Regime gehabt. Da war sie eigenständig in der Familie, im Haushalt. Das war hier in Deutschland dann eine sehr harte Sache für mich. So ganz anders. Auf der einen Seite wurde groß von Emanzipation geredet, und auf der anderen Seite sah es in der Familie damit weit schlimmer aus als bei uns daheim. Da wußten Frauen überhaupt nicht, was ihre Männer verdienten, da wurde ihnen selbstherrlich irgendwie ein Haushaltsgeld zugeteilt, da wurde ihnen in alles hineingeredet, was ihre eigene Arbeit war. Damit mußte ich nun leben. Mein Fehler war: es gab von meiner Seite her überhaupt keine Komplikationen. Ich meine damit, ich machte keine Schwierigkeiten. Ich hab' nicht aufgemuckt, nicht gesagt, du, wir sind jetzt ein Paar, und so muß es auch laufen. Ich hab' mich einfach nur gefügt. Ich hab' alles weggesteckt an eigenen Bedürfnissen und nur darauf geschaut, daß ich die anderen glücklich mach'. Das war so eine Fassade. Man hat mich so erzogen, als Frau nur für andere dazusein, nicht für mich selbst. Die Seele der Familie, die keine eigene Seele hat.

Es waren keine großen Sachen, keine Tragödien, keine Katastrophen. Ich war nur immer krank und unlustig. Und früher war ich doch immer so freundlich und glücklich gewesen. Mit meinem Mann hab' ich darüber kaum gesprochen, er ist sehr verschlossen. Ich hab' immer gedacht, er muß mich doch von selbst verstehen, ohne daß ich viel sag'. Das war falsch von mir. Er konnte auch nicht aus seiner Haut. Er hat schon gemerkt, daß ich unglücklich war und viel geweint hab'. Aber er hat nicht gefragt, warum weinst du. Er hat gedacht, ich mach'es halt nur deshalb, weil ich in Deutschland bin.

Wir haben hier zu sechst zusammengelebt, in unserem schmalen Reihenhaus. Er und ich und die drei Kinder und mein Schwiegervater. Der war krank und pflegebedürftig. Die ganze Situation war schwierig. Ich wollte mich anpassen. Dafür hab' ich alles von mir gegeben. Und irgendwann hab' ich gemerkt, ich mach' nicht nur mich kaputt, ich belaste auch die anderen damit. Am Anfang unserer Ehe hat mein Mann bestimmt, was zu tun war. Ich hab' gedacht, der macht es schon richtig. Er war für mich ein Idol. Ich war nur die Bedienerin von allen. Mein Mann ist ein studierter Mensch. Und ich hab' immer gedacht, die studierten Menschen müssen schließlich wissen, wie das geht mit den Gefühlen. Das war auch wieder falsch von mir. In der Richtung, in der sie studieren, geht es wunderbar. Aber links und rechts davon nicht. Im Bett ist es immer lustloser geworden bei uns. Ich war durch den Alltag so frustriert, ich hab' keine Gefühle mehr entwikkeln können. Schon gar keine Lustgefühle. Ich hab' dann langsam schon gemerkt, daß ich da was ändern muß. Ich hab' angefangen, in kleinen Sachen selbständiger zu werden; kleine Sachen von ihm zu verlangen. Aber er ist nicht darauf eingegangen. Zum Beispiel hat er mir für den Haushalt immer ein bestimmtes Geld gegeben. Mit der Zeit hab' ich gemerkt, er kriegt einen großen Lohn und ich krieg' einen kleinen Lohn, ich habe ja, neben den Kindern und dem Schwiegervater, nur noch zwei Stunden nachmittags oder abends in einer großen Firma arbeiten gehen können. Und das bißchen Geld, das ich mir da verdient hab', hab' ich immer in den Haushalt reingetan, damit es reicht. Erst viel später hab' ich mir ein Herz genommen und hab' gesagt, das mach' ich jetzt nicht mehr. Ich hab' mir ein Konto aufgemacht, meinen Lohn da einbezahlt und nicht mehr für den Haushalt hergegeben. Das hätte ich viel früher machen sollen. Dann hätten sich bei mir nicht so viel Frust und Verbitterung angestaut.

Es war die Schuld von uns beiden, daß es uns immer schlechter ging. Wir haben nie offen Probleme besprochen, wir wollten keinen Krach, immer nur Harmonie. Ich hab' alles Unangenehme von ihm ferngehalten, vor ihm versteckt. Auch wenn es Ärger mit den Kindern gab. Mein Mann hat es nie gelernt, zu reden, sich auseinanderzusetzen. Im Beruf kann er das unheimlich gut, im Privaten nicht. Da ist er der typische Schweiger. Du kannst dir hundert Überlegungen machen und du weißt immer noch nicht, woran du bist mit ihm. Weil er halt nichts sagt. Ich hasse so etwas. Aber ich hab' lang, zu lang nichts dagegen getan. Es müßte eine Eheschule geben, wo man lernt, gegenseitig offen zu sein und anzunehmen, was der andere sagt, ohne beleidigt zu sein.

Ich sehe heute auch ganz genau einen meiner größten Fehler. Ich hab' nie für mich selbst gekämpft, immer nur für die anderen. Egal, um was es ging. Und wenn es noch so nebensächlich war. Ganz typisch ist für mich die Sache mit dem Telefon. Wir haben viele Jahre keines gehabt. Ich wollte immer eins, aber mein Mann hat nein gesagt, und damit hab' ich mich zufriedengegeben. Erst zehn Jahre später, als die Kinder unbedingt eins wollten, hab' ich mich seinem Willen entgegengestellt, bin einfach zur Post gegangen und hab' es angemeldet. So einfach war das. Mein Mann hat zwei Monate lang das Telefon nicht angerührt. So beleidigt war er.

Mit vierzig hab' ich gesehen, wenn es so weitergeht, will ich nicht mehr leben. Ich war soweit, daß mir mein Leben nichts mehr bedeutet hat, nicht einmal meine Kinder. Die Beziehung zu meinem Mann hat sich totgelaufen. Ich hab' mich hingesetzt und gedacht, mein Gott, was ist bloß aus dir geworden. Da hat es mich doch wirklich plötzlich in der Oper gestört, wenn Kinder mal laut waren. Oder lachten. Da hat es in meinem Kopf einen Klick gemacht: Das bin doch nicht mehr ich!

Aber ich hab' noch die Kraft gehabt zum Ändern. Ich hab' ein anderes Leben angefangen, hab' eingesehen, wenn ich weiter nur für die anderen da bin, geh' ich kaputt. Das ganze Leben als Schuld empfinden, immer nur Gewissensbisse, so konnte das nicht weitergehen ... So ein Leben lohnt sich nicht zu leben. Ich hab' mich geändert. Ich hab' mir einfach, an irgendeinem Werktagmorgen, Blumen gekauft. Für mich. Ich bin mal in ein Café gegangen. Ich hab' um eine Kur gekämpft gegen mein Asthma. Als die Kur mir nicht bewilligt wurde, bin ich kurzerhand mit einer spanischen Reisegruppe nach Israel gefahren, in die Wärme, von heut' auf morgen, zwei Wochen lang. Meine Familie war ganz entsetzt. Mama, haben die Kinder gesagt, das hast du doch noch nie gemacht, daß du so einfach weggehst und sagst, das brauch' ich jetzt. Und wie ich das gebraucht habe! Als ich wieder zurück war, hab' ich mich einer Frauengruppe angeschlossen. Das waren alles Spanierinnen, die in Deutschland leben. Ich hab' gesehen, wie die leben, denken, fühlen, arbeiten. Mit Familie, ledig oder geschieden, mit Kind und ohne. Das war ein wichtiger Schritt für mich. Da waren viele Frauen wie ich. Wir haben uns gegenseitig geholfen, sind offen zueinander gewesen. Nicht gleich von Anfang an, aber nach und nach.

Das war dann auch die Zeit, wo es zwischen meinem Mann und mir endgültig zur großen Krise kam. Unsere Ehe war damals sehr in Gefahr. Ich weiß heute noch nicht, was mein Mann damals gefühlt hat, weil er ja nichts gesagt hat. Aber es war bestimmt auch für ihn eine harte Zeit. Der ganze Prozeß hat uns beide viel Kraft gekostet. Aber ich hab' immer mehr gemerkt, es lohnt sich. Trotz aller Rückschläge. Ich hab' mir immer gedacht: Ein Kind macht einen kleinen Schritt und dann fällt es hin. Aber am nächsten Tag macht es diesen kleinen Schritt wieder und geht nicht etwa zurück, bloß weil es gestern hingefallen ist. Es geht ihn wieder, weil es ihm gefallen hat, vorwärts zu gehen. So ging es mir auch.

Ich hab' dann eine wunderbare Frau gefunden, als Therapeutin. Die hat mit mir gesprochen, hat mir gesagt, überstürz nicht gleich alles, schließlich bedeutet dir dein Mann ja was, und die Kinder. Aber denk jetzt mal nur an dich, finde dich selber. Es kommt aus dir selber raus. In dieser Zeit hab' ich eingesehen, diese ganzen Schwierigkeiten, das war nicht mein Mann allein. Da war ich auch ganz schön dran beteiligt.

Mein Mann hat dann sogar zwei Sitzungen mit mir zusammen gemacht. Erst wollte ich das gar nicht. Ich hab' gedacht, das bringt doch nichts, wenn er da mitkommt, ich hab' ihm doch selber schon alles gesagt. Da hab' ich wieder nicht recht gehabt. Es hat sich herausgestellt, daß er wirklich immer gemeint hat, meine Probleme hängen mit anderen Schwierigkeiten zusammen, mit den Kindern oder damit, daß ich halt eine Fremde bin in diesem Land. Aber auf keinen Fall mit ihm. Das ist ihm erst klargeworden, als eine dritte Person dabei war, die Therapeutin.

In der Therapie wurde dann ausgemacht, daß er mich sechs Monate lang nicht berührt. Daß er nur so mit mir zusammenlebt, ohne sexuellen Kontakt. Zärtlichkeit ja, Sex nein. Er hat eingewilligt. Aber das war schon brutal für ihn. Er kam dann auch nächtelang nicht nach Hause. Er brauchte den Sex. Wenn mein Mann das nicht gemacht hätte, dieses nächtelange Wegbleiben, hätte ich vielleicht nicht so gemerkt, was er mir bedeutet. Das hat mir nämlich sehr viel ausgemacht. Also hatte das alles auch sein Positives.

Während dieser sechs Monate haben wir uns wieder gefunden. Ich hab' gewußt, wenn ich mich an ihn gekuschelt hab', es passiert weiter nichts. Und das war schön. Langsam hab' ich mich ihm immer mehr genähert, ganz freiwillig. Ich hab' genauso darauf gewartet wie er, bis dieses halbe Jahr um war. Ich hatte Verlangen nach ihm. Ich war nicht mehr nur ein Objekt für ihn, nach dem *er* verlangt. Ich war sein Partner, gleichberechtigt. Ich hab' mit ihm über meine Bedürfnisse geredet, hab' ihm gesagt, was ich mag, was nicht. Er selber kann das nicht so, aber ich hab's plötzlich gekonnt. Und das hat uns sehr viel gebracht. Nach dieser ganzen Misere haben wir mit soviel Genuß miteinander geschlafen. Immer haben wir Orgasmen gehabt, alle beide. Damals waren wir so schwungvoll wie nie zuvor, vor allem ich. Ich hab' die alten Betten aus dem Schlafzimmer rausgeschmissen, die mit der dummen Besucherritze, und hab' ein schönes breites Doppelbett angeschafft. Ich hab' das Bild mit dem Jesus am Ölberg von der Wand abgehängt und statt dessen einen Spiegel angebracht. Ich hab' den häßlichen Kleiderschrank in den Keller und Palmen ins Schlafzimmer gestellt. Wir sind wieder öfters ins Theater gegangen oder zum Essen. Nur wir zwei. Und ich hab' mich in der Oper nicht mehr geärgert, wenn ich Kinder gehört habe.

Ich hab' damals auch angefangen, Bücher zu lesen, unentwegt. Über alle Themen, aber vornehmlich über Sexualität. Und über diese Bücher hab' ich mich selber entdeckt. Ich hab' nichts mehr als Tabu empfunden, als Sünde. Sondern als eine biologische Sache. Ich hab' auch mit anderen Frauen darüber geredet. Wir haben einfach zusammen unsere Tabus weggeschoben, die wir von Kindheit an eingebleut bekommen haben.

Mein Mann ist immer noch der einzige Mann, mit dem ich je geschlafen habe. Und ich bereue es auch schon. Ich denke mir oft, ob ich da nicht was versäumt habe. Ob ich heute nicht eine ganz andere Sexualität hätte, wenn ich mehr ausprobiert hätte. Eine Gelegenheit hat sich ergeben, damals auf der Reise nach Israel. Da hätte was passieren können, da war ein anderer Mann. Wenn ich allein gewesen wäre, hätte ich es auch gemacht. Aber ich war in einer Gruppe. Und so habe ich mich nicht getraut.

Ich habe eine Zeit gehabt, da hab' ich mir in der Phantasie Männer gesucht. In der U-Bahn, im Fahrstuhl, im Kaufhaus. Ich hab' die angeschaut, auf der Rolltreppe, beim Einkaufen, und gedacht, mit dem oder dem könntest du schlafen. Ich hab' die rein vom Aussehen her ausgesucht. Fremde, total fremde Männer. Es spielte sich alles in meinem Kopf ab, mehr war nicht. Aber das hat mich sehr gereizt, sehr erotisiert. Diese geheimen Vorstellungen, die Lust daran.

Heute ist das vorbei. Jetzt hab' ich diese Wunschträume nicht mehr. Jedenfalls im Augenblick nicht. Ich bin zufrieden damit, wenn es mit meinem Mann klappt. Auch wenn wir zur Zeit wieder etwas weniger miteinander schlafen als in dieser euphorischen Zeit nach der großen Krise. Früher, wenn ich keinen Sex gewollt hab', hat er ihn trotzdem gebraucht. Zur Zeit braucht er offenbar nicht soviel. Manchmal zwei, drei Wochen lang gar nicht. Und wenn er dann an einem Tag kommt und an ebendiesem Tag will ich dann gerade nicht, dann sag' ich es auch. Ich mach' es nicht mehr aus

Pflicht, nur noch aus Lust. Ich bin jetzt auch viel gesünder, hab' kein Asthma mehr, keine Migräne. Seit sieben Jahren war ich nicht mehr krank. Vorher ständig.

Heute geh' ich auch von selbst auf meinen Mann zu, sag' ihm, wenn ich Lust auf ihn hab'. Wenn er dann gerade nicht mag, sag' ich mir, mein Gott, ich kann mich auch selber befriedigen, ich bettle nicht darum. Natürlich ist es schöner zu zweit, aber eigentlich braucht man niemand anderen dazu. Das ist wie mit dem Kaffeetrinken. Wenn du einen haben willst, machst du dir eben eine Tasse, und die schmeckt dir dann auch. Aber wenn du ihn mit jemandem zusammen trinkst, genießt du ihn mehr. Ich kann es inzwischen aber auch ganz alleine genießen. Ich mach' es mir selber schön. Ich staue kein Bedürfnis mehr auf, warte nicht auf andere. Ich hole mir meine Befriedigung selbst. Ich fühle mich in dieser Hinsicht heute relativ unabhängig.

Innerlich unabhängig zu sein fällt mir nicht immer leicht. Manchmal wird man dann schon wieder verzagt, verliert den Schwung. Der Kurs hat mir dabei sehr geholfen, mich wieder bestärkt, daß es richtig ist und gut, so, wie ich es jetzt versuche. Daß ich nein sage, wenn ich nein meine. Daß ich für mich selber verantwortlich bin, nicht mein Mann. Es läuft auch allgemein in der Familie jetzt besser. Natürlich gibt es immer wieder mal Schwierigkeiten. Aber wir tragen sie besser aus, ich lasse es nicht mehr so zu, daß man sie unter den Teppich kehrt. Ich mach' nichts, was meinem Mann wirklich weh tut. Aber für das, was ich will, was ich brauche, damit wir gut miteinander leben können, damit es mir auch selber dabei gut geht, kämpfe ich heute und jammere nicht wehleidig vor mich hin. Es tut mir auch nicht mehr so weh, es belastet mich nicht mehr so wie früher, wenn er bei manchem, was ich tue, dagegen ist. Er muß nicht immer mit allem einverstanden sein. Das war auch so was Falsches, was ich mir gedacht habe, früher. Heute hab' ich gelernt, er kann nicht sein wie ich und ich nicht so wie er.

Das Jahr hat 365 Tage. Früher war ich vielleicht 300 Tage unglücklich und 65 Tage nicht so sehr. Heute ist es umgekehrt. Da geht es mir vielleicht an 300 Tagen gut und an 65 weniger. Und das ist, von den guten Tagen her gesehen, doch sehr viel.

In dem Kurs hat es mich ungeheuer betroffen gemacht, diese 25-, 30-, 40jährigen Frauen zu hören. Ich hab' immer gedacht, diese Probleme mit der Erziehung und den sexuellen Tabus und dem ganzen Frust gibt es in Deutschland längst nicht so wie in Spanien. Ich glaubte immer, die deutschen Frauen seien seit Generationen viel freier, viel selbstwertbewußter. Aber ich hab' gesehen, das ist nicht so.

*Annemarie U., 39, Krankengymnastin und medizinische Assistentin, heute Hausfrau, seit 15 Jahren verheiratet, zwei Kinder mit 3 und 7 Jahren, Ehemann 40, Chemiker.*

Theoretisch bin ich total auf dem laufenden. Ich hab' so ziemlich alles gelesen, was es gibt. Über die sexuellen Phantasien, über die sexuellen Praktiken, über die sexuelle Lust, über den sexuellen Frust. Über die Zusammenhänge zwischen früher Kindheit und späterer Orgasmusfähigkeit, über, über, über, über ... Ich beschaff' mir sofort alles, was mir von wem auch immer empfohlen wird. Ich les es auch, von vorn bis hinten, gründlichst. Und ich setz' es, soweit es geht, in die Praxis um. Geholfen hat mir das alles bisher nicht. Ich bin und bleib' frigid.

In den Kurs bin ich gegangen, weil ich ja, wie gesagt, alles probiere. Weil es immer wieder Schwierigkeiten gibt zwischen meinem Mann und mir. Weil ich eben keine Lust auf Sex habe. Manchmal vermeide ich es dann, aber nur selten. Ich mach' halt mit. Ich kann ja nicht immer nein sagen. Denn eigentlich hab' ich ja nie genügend Lust dazu, wenn's nach dem ging, wär's ein permanentes Nein. Alle paar Monate kommt es bei uns zu einer großen Auseinandersetzung. Mein Mann wird natürlich immer sauer, weil es nicht so klappt, wie er es sich denkt und wünscht. Er kann immer. Und er will immer. Und ich eben nicht. Sonstige Partnerschaftsprobleme haben wir eigentlich nicht so. Sondern eben bloß immer diese sexuellen. Aber das ist schlimm genug.

Ich glaube, ein einziges Mal in meinem Leben habe ich so etwas Ähnliches wie einen Orgasmus gehabt. Das war ein ganz warmes Gefühl und hat ganz lange angehalten in meinem Körper. Das hab' ich seitdem nie mehr gehabt. Das ist jetzt ein Jahr her. Es war im Skiurlaub. Ich hab' viel darüber nachgedacht, warum das damals war und sonst nie, vorher nicht und nachher nicht. Es war auch nicht etwa mit einem anderen Mann, sondern mit meinem eigenen. Da hab' ich, an diesem Tag, als wir zusammen im Bett lagen, zusätzlich eine Phantasie gehabt, die ich sonst nie hab'. Ich hab' überhaupt sonst keine Phantasien, auf keinem Gebiet, ich bin ein total phantasieloser Mensch. Wir hatten ein Zimmer in diesem Hotel, und um die Ecke herum war eine Gemeinschaftssauna. Da waren immer ziemlich viele junge Männer drin. Wenn man in die Sauna ging, mußte man notgedrungen an unserem Fenster vorbei. Damals hab' ich mir vorgestellt, daß uns jemand von denen draußen zuschaut. Das hat mich ungeheuer stimuliert. So hab' ich das noch nie erlebt.

Seitdem hab' ich das nicht mehr gehabt. Vielleicht brauch' ich zur Erregung das Wissen, es könnte uns womöglich jemand zuschauen. Andere zaubern sich diese Situation dann in ihrer Phantasie herbei. Ich kann das nicht. Ich kann mich mit dieser Vorstellung nicht in Erregung bringen, wenn ich nicht wirklich um die Ecke von einer Sauna bin und nicht wirklich andere Leute reinschauen könnten. Das muß bei mir realistisch sein. Ausmalen kann ich mir das nicht. Es war wirklich unheimlich schön damals. Aber ich kann mir doch nicht jedesmal ein einsehbares Zimmer mit Männern um die Ecke suchen, bloß damit ich auch mal einen Orgasmus hab'.

Ich hab' in meinem Alltag nicht viel, was mich inspiriert. Nur Haushalt und Kinder, draußen im Grünen. Diese ganzen Streichelübungen in dem Kurs hab' ich natürlich alle gemacht. Ich mach' Hausaufgaben konsequent. Aber ich hatte nicht viel davon. Da kann mich ja eher noch mein Mann in Fahrt bringen als ich mich selber. Das hat mich dann so gelangweilt und genervt. Das ist mir so wenig effektiv vorgekommen, daß ich diese Zeit dann nebenher gleich noch für was anderes ausgenutzt hab'. Mich mit Massageöl einrieb, weil es ohnehin mal wieder an der Zeit war dafür, oder Skigymnastik gemacht hab', zu der ich sonst auch nicht gekommen bin.

Diese Ja/Nein-Übungen hab' ich auch praktiziert. Sogar im Bett. In der Zeit hab' ich dann öfters nein gesagt. Aber da ist mein Mann doch recht sauer geworden, und da hab' ich mich dann auch davor gescheut, das zu überziehen. Ich mag nicht dauernd kämpfen. Irgendwann ist er dann ja auch ganz verunsichert geworden, so daß er selber fast keine Lust mehr hatte, mit mir zu schlafen.

Mein Mann ist zärtlich und ideenreich. Und trotzdem klappt es mit mir halt nicht, oder jedenfalls nicht bei mir. Das ist ja ein Unterschied. Was ich genieße, ist, wenn er mich massiert, am ganzen Körper. An so einem Abend schlafen mir dann auch zwei-, dreimal miteinander. Dann ist er die nächsten Tage auch nicht so aufgedreht und will nicht pausenlos schon wieder. Ich glaube, wenn ich das könnte, wenn ich es fertigbrächte, ihm einmal wirklich zu zeigen, das war optimal, das war ein Höhepunkt, dann hätte er nicht andauernd das Gefühl, er müßte es wieder und wieder und wieder tun. Das ist vielleicht so, wie wenn jemand Hunger hat. Und dann kriegt er immer nur einen Happen und noch mal einen Happen und irgendwann noch einen, statt einmal was Richtiges. Da hat er dann immer noch das Gefühl, daß er Hunger hat, statt daß er sich richtig satt essen kann.

Daß mein Mann oft so unruhig ist, liegt bestimmt daran, daß er mehr darunter leidet als ich, weil er nicht zu dem kommt, was er möchte. Ich leide ja nicht. Mir geht ja nichts ab.

Ich spiele keine Lust vor. Wenn ich mal richtig drin bin, dann wär' ich vielleicht auch geeignet für Gruppensex. Ich glaube nicht, daß ich da große Sperren dagegen hätte. Aber viel bringen würde es mir auch nicht. Das Problem ist halt, daß Sexualität mir grundsätzlich keine Lust macht. Je öfter mein Mann will, desto mehr Vermeidungsverhalten zeige ich. Wenn er zum Beispiel morgens mit mir schlafen will und ich horch' ins Haus und merk', der eine Sohn ist schon wach und steht gleich auf und jetzt müßte ich eigentlich auch schon raus, da vergeht mir nicht nur alles, es kommt von Anfang an gleich gar nichts auf. Da denk' ich dann nur dran, daß wir sowieso gleich wieder gestört werden. Bei mir muß immer alles hundertprozentig stimmen. Und das ist halt ganz selten. Ich muß ausgeschlafen sein, ich brauch' viel Zeit und möglichst Musik im Hintergrund und ein warmes, gemütliches Zimmer. Wenn wir mal den ganzen Abend Zeit haben, meistens fangen wir mit Massage an, dann will ich es auch. Oder wenn ich merke, daß er mal nicht so unbedingt will. Das reizt mich dann auch. Aber, wie gesagt, das kommt ja so gut wie nie vor, daß er nicht will. Mein Mann fand es gut, daß ich in den Kurs gegangen bin. Er findet alles gut, was ich auf dem Gebiet versuche. Damit vielleicht doch einmal der Knoten platzt und ich auch Vergnügen und Befriedigung dabei habe. Am liebsten wär' er mitgegangen.

Ab zwölf hab' ich mich für Männer interessiert. Ich bin sehr streng erzogen worden. Meine Mutter hat mir einmal gesagt, die Hochzeitsnacht war der Schock ihres Lebens. Seitdem war Sexualität kein Thema mehr für sie. Sie hat auch immer gesagt: Wenn du das vor der Ehe machst, dann bekommst du ein Kind, und dann ist dein Leben verpfuscht. Meine Mutter, die hat halt immer geschaut, daß da bei mir ja nichts läuft. Sie hat mich umfassend aufgeklärt, hat aber nie gesagt, daß Sexualität auch was Schönes sein kann. Was mich noch mehr beeinflußt hat: Ich bin früher sehr religiös gewesen. Ich hab' mir als Teenager, wenn ich auf sogenannte sündige Gedanken kam, sofort gesagt: Weg damit, sonst mußt du das bloß wieder beichten. Das ist eine Sünde, dafür kommst du in die Hölle. Das hab' ich mindestens zehn Jahre lang so gemacht, von den ersten Anfechtungen an halt. Ich hab' alles unterdrückt, alles zugeschüttet. Und es ist noch zusätzlich verkrustet worden, weil ich eben keine Phantasie habe. Das war schon in der

Schule so, bei Aufsätzen. Da hab' ich immer alles klipp und klar und logisch zusammengefaßt. Und immer stand darunter: Sehr gescheit, aber ohne jede Phantasie.

Ich muß sagen, dieser Frauenkurs hat mir grundsätzlich schon was gebracht. Der gemischte Kurs nicht. So einen hab' ich nämlich auch schon einmal gemacht, so einen Sexualkurs mit einer gemischten Gruppe. Der hat mir nichts gebracht, jedenfalls nicht das Richtige. Das war eher nur so eine zwiespältige Stimmung, eine Atmosphäre wie in einer Tanzstunde. Das hat mich zwar total angemacht, das Streicheln, die Rückenmassage. Da bin ich mir vorgekommen, als wär' ich mal wieder begehrt. Wobei ich mir jahrelang vorgekomen bin, als wär' ich ein Neutrum, auch wenn mein Mann jeden Tag mit mir schlafen will. Aber, wie gesagt, an meinem speziellen Problem hat das nichts geändert.

In dem gemischten Kurs damals hab' ich regelrecht einen aufgerissen, den Mann, der mir von vornherein am besten gefallen hat. Wenn der bloß in meine Nähe gekommen ist, war ich von oben bis unten elektrisiert. Eine rein erotische Beziehung, ich hab' mit dem sonst nichts anfangen können. Aber dieses Prickeln war sehr aufregend für mich, eben weil ich doch sonst so frigide bin. Geschlafen hab' ich nie mit diesem Mann. Da wär' mein Mann draufgekommen. Aber es war total zum ersten Mal, daß ich so in allen Fasern alarmiert war, rein körperlich. Es war zwar nicht von vornherein ausgeschlossen, daß wir auch mal miteinander ins Bett gehen, aber es war schwierig. Wir haben dann zweimal miteinander geschmust, im Auto, auf dem Parkplatz. Mehr war nicht. Zu der Zeit war ich aber total aufgekratzt. Da hatte ich eigentlich immer Lust auf Sex.

Es ging nur ein paar Wochen, ich hab' das nicht weiter forciert. Das hätte ja doch nichts gebracht. Wir haben dann noch zu dritt einen Schmusenachmittag gemacht, bei uns daheim im Wohnzimmer. Mein Mann, der von der Sache Wind bekommen hatte, hat mir vorgeschlagen, so eine Art Gruppenmeeting zu machen, damit er das Ganze besser verkraftet. Er hat diesen Mann angerufen, hat sich mit ihm getroffen, und dann haben wir also so einen Massagenachmittag miteinander gemacht. Die Kinder haben wir zur Oma gebracht. Wir haben ihr gesagt, wir gehen zu einer Weihnachtsfeier.

Dieser Nachmittag war eine echte Pleite. Das war nicht aufregend für mich. Es war mir von vornherein klargewesen, daß da nichts gehen soll zwischen diesem Mann und mir. Aber es war halt insgesamt ziemlich frustrierend. Ich hab' mich immer nur beobachtet gefühlt, von beiden Männern. Wie ich reagier', was ich sag', mach', signalisiere. Mein Mann hat dann letzten Endes vor dem anderen mit mir geschlafen, um zu zeigen, daß er derjenige welcher ist. Und damit war die Sache beendet.

Mein Mann war mein erster Mann. Ich hab' ihn mit vierundzwanzig geheiratet. Er hat immer wieder kleine Liebschaften nebenher gehabt, mehrere und kleinere. Das hat sich summiert im Lauf der Zeit. Dann war's Haferl voll. Und dann hab' ich gesagt: Jetzt geh' ich auf einen Faschingsball und erleb' auch mal was. Ich war an diesem Abend besonders aufgekratzt und liebesbedürftig. Ich wollte einfach mal was erleben, ich war richtig geil darauf. Es war gefährlich, daß ich mich da nicht unter Kontrolle hatte. Vor allem war es eigentlich überhaupt nicht meine Art. Ich hätte auch jederzeit schwanger werden können, ich hatte gerade mit der Pille ausgesetzt.

Der Mann, den ich dann traf, war sehr groß und schlank. Der hat mich sehr angesprochen. Und dann bin ich mit ihm noch am selben Abend in die Wohnung und hab' mit ihm geschlafen. Und während des Schlafens hab' ich gedacht: Der ist ja viel lätscherter als mein Mann. Der hatte nicht viel drauf. In der Früh bin ich heimgefahren, mein Mann hat sofort gemerkt, daß da was war. Er hat mich total ausgequetscht. Und dann war er so von den Socken, daß die Ehe beinahe kaputtgegangen wäre. Das hat sich dann zwar wieder gelegt, aber ich hab' dabei feststellen können, daß es bei Männern anscheinend wirklich was anderes ist, wenn sie fremdgehen. Mein Mann ist ja laufend fremdgegangen. Aber daß ich es ein einziges Mal versucht hab', das hat ihn dermaßen berührt, daß er sich eigentlich nur deshalb nicht von mir getrennt hat, weil er so viele gesellschaftliche Verpflichtungen hat. Also wegen des Eindrucks nach außen hin.

Sieben Jahre habe ich dann wie eine Nonne gelebt. Natürlich nicht wörtlich. Ich hab' natürlich immer mit meinem Mann geschlafen, aber nichts gefühlt. Dann kam die Sache mit dem Mann, die dann mit diesem Massagenachmittag geendet hat und bei der eigentlich nichts lief außer zwei, drei Küssen auf dem Parkplatz. Trotzdem war das eigentlich mein schönstes Erlebnis, sexuell gesehen. Obwohl es nur bis zum Küssen ging. Nachher hab' ich mir gedacht, wenn ich den Mann auch schon fünfzehn Jahre gekannt hätte, wäre es vielleicht auch nichts mehr gewesen. Das ist halt so. Wenn man jeden Tag einen Schweinebraten ißt, mag man ihn irgendwann nicht mehr so, obwohl er eigentlich das Lieblingsgericht ist.

Die Spanierin, die Ysabel, die bei uns im Kurs mitgemacht hat, ist ja auch sehr streng erzogen worden. Die hat mir unterschwellig viel geholfen. Da hab' ich immer denken können: Wenn die es geschafft hat, mit vierzig oder älter, kann ich es vielleicht auch noch schaffen. Auch daß die Chris, die

Psychologin, von sich selbst viel erzählt hat, und zwar ganz [illegible] nicht nur so um den Brei herum, das war gut für mich. Sehr gut fand ich auch, daß wir daheim Übungen machen mußten. Immer, wenn man selber was macht, kommt was raus. Aber schwer ist es mir schon gefallen, das alles.

Diese Übungen mit dem Spiegel und dem gedämpften Licht und so, das war ja alles furchtbar zeitaufwendig. Erst müssen ja mal die Kinder schlafen. Und dann muß man das Bad erst aufräumen. Und bis ich dann immer alles aufgebaut hatte, die Kerzen und den Wärmestrahler und den Kassettenrecorder, also irgendwie ging mir das gegen den Strich. Aber ich hab's trotzdem gemacht, ich wollt' es durchziehen. Mein Problem ist, daß ich mir immer selber im Weg stehe. Ich denk' zum Beispiel immer daran, wie ich mich zu benehmen habe. Ich hab' mich immer unter Kontrolle, bin auch nie laut im Bett. Es käme mir blöd vor, laut rumzustöhnen oder so. Da hab' ich viel zu große Hemmungen. Dazu kommen noch meine anderen Hemmungen. Wenn ich zum Beispiel im Bett oder auf dem Sofa keine Unterlage habe, bin ich immerzu in Gedanken darum besorgt, daß da dann ein Fleck hinkommt, wenn wir da miteinander schlafen. Und dann müßte ich hinterher diesen Fleck wieder rauswaschen. Das verdirbt mir dann sowieso die Lust.

Was ich auch nicht ausstehen kann, das ist der Geruch. Der stört mich vehement. Zu meinen Körperflüssigkeiten hab' ich ein sehr gestörtes Verhältnis. Auch Mundverkehr, das ist für mich absolut abscheulich. Da käme ich mir vor, als würde ich einen Regenwurm verspeisen. Und dann hab' ich auch noch die wahnsinnige Angst, daß da was rauskommt. Und die Geschlechtsteile, die finde ich beim Mann zum Beispiel ziemlich grauslich. Diese braune schrumplige Haut. Ich weiß nicht, was ich machen soll, damit ich das schön finden kann. Ich möchte es so gern. Ich möcht' ja anders sein, nicht so gehemmt, nicht so frustriert und angewidert. Meine eigenen Geschlechtsteile finde ich auch nicht besonders schön. Der Anblick gefällt mir nicht, der Geruch stört mich, und es schmeckt mir auch nicht. Das ist, alles zusammen, nur unangenehm für mich. Vielleicht krieg' ich deshalb keinen Orgasmus, vor lauter Angst, ich würd' das riechen. Ich denk' manchmal, ich hab' sämtliche Nervenzellen nur auf dem Rücken. Wenn ich da massiert, berührt werde, das stimuliert mich. Aber von der Taille abwärts ist nichts mehr los.

Als ich die Hausaufgaben gemacht hab' – sehen, riechen, schmecken –, hab' ich mal wieder gemerkt, wie unangenehm mir das alles ist. Ich kann da einfach nicht aus meiner Haut. Ich hab' die Übungen auch nie mehr gemacht, seit der Kurs zu Ende ist. So kurz nach dem Kurs hab' ich zeitweise mehr Lustgefühle gehabt mit meinem Mann. Dieses ganze Reden drumherum hat mich manchmal doch angeregt. Aber hinterher war dann wieder gar nichts. Da kam dann der Sommer und die Kinder gingen immer so spät ins Bett, da hätte sich der ganze Aufbau mit den Kerzen und dem anderen Zeug nicht mehr gelohnt.

Dieses sechste Gebot: ich hab' was Unschamhaftes gedacht, das ist überholt, das ist mir heute schon klar. Heute bin ich nicht mehr so religiös, auch wenn bei uns in der Ecke von der Küche noch immer ein Christus am Kreuz hängt. Aber irgendwie sitzt das alles trotzdem in einem drin, im Unterbewußtsein. Auch daß die Sexualität dasein muß zur Fortpflanzung, aber nichts zu tun haben soll mit Genuß.

Einen Massagestab hab' ich auch gekauft, damals in dem Sexshop. Ich hab' ihn auch benutzt. Na ja, es war nicht gerade unangenehm, aber auch nicht so, daß ich in Ekstase geraten wär'. Eher so wie beim Zahnarzt, wenn man merkt, es surrt zwar schrecklich, aber es tut wenigstens nicht weh. Es kann natürlich auch sein, daß ich mich vor lauter Erwartungshaltung selber blockiere. Die meiste Zeit, wenn ich mit meinem Mann schlafe, denke ich entweder daran, daß es jetzt mal auch für mich klappen muß. Oder daran, was ich einkaufen muß. Oder daß ich auch mal wieder die Fenster putzen müßte. Meine Mutter ist sehr pingelig, sehr sauber, die hat mich so erzogen, das leg' ich wohl nie ab. In dem Kurs ist es mir schon aufgefallen, wie wichtig es wäre, daß ich nicht mehr so fürchterlich pingelig bin. Das ist ja auch eins der Haupthindernisse für die Lust bei mir. Ich mag nicht, wenn es riecht. Und ich mag nicht, wenn es so pappig zwischen den Schenkeln ist. Das stört mich ungeheuer. Ich weiß, daß ich das abbauen muß. Aber wie?

Den Brief an meine Scheide hab' ich pflichtgemäß geschrieben. Das war mehr so eine Reklamation, ich hab' sie geschimpft, hab' ihr vorgeworfen, daß sie nicht so ist, wie sie sein sollte. Nicht so mitmacht, wie ich möchte. Aber es hat mir auch nicht groß was gebracht. Deshalb hab' ich den Brief wieder zerrissen. Die anderen Hausaufgaben sind mir nicht schwergefallen. Aber wenn ich am Dienstag heimgekommen bin, war ich oft grantig, weil ich gedacht hab', ich hätt' mich jetzt verändern müssen, und damit war es jedesmal wieder nichts. Hingegangen bin ich immer gern. Ich wollte ja was in Bewegung setzen.

So richtig auf den gleichen Nenner komme ich mit meinem Mann wohl nie. Auch wenn ich mich anstrenge, schaff' ich es vielleicht einmal im Monat, einen Höhepunkt zu kriegen. Aber nicht jeden zweiten Tag. Zur

Zeit haben wir Schulprobleme mit unserem Ältesten. Da läuft bei mir sowieso alles noch zäher. Aber verweigern tu' ich trotzdem selten. Ich weich' lieber einem Konflikt aus und geb' nach. Mein Harmoniebedürfnis ist sehr groß. Das ist gar nicht gut, da staut sich viel zuviel an. Wenn wir streiten, bin immer ich es, die einlenkt, weil ich gar nicht einschlafen kann, wenn Ärger ist.

Wenn es nicht langsam endlich klappt, weiß ich nicht mehr, was ich noch tun könnte. Es ist nach dem Kurs schon so gewesen, daß ich manchmal eher weich wurde, Gefühle bekam. Aber nie mehr so stark wie damals, dieses eine Mal im Skiurlaub. Allenfalls gelegentlich eine Ahnung davon. Im allgemeinen schlaf' ich mit meinem Mann so, wie ich mir die Zähne putze. Daß man es halt hinter sich hat. Man wird doch auch lätschert, wenn man nur daheim rumsitzt. Wenn mein Mann im Urlaub ein paar Wochen lang daheim ist, wird er auch jeden Tag lätscherter. Und so geht's mir eben auch. Ich hab' im normalen Leben nichts, was mich aufbauen könnte. Ich sitz' da draußen auf dem Land, hab' allenfalls andere Mütter mit anderen Kinderwägen um mich herum. Ich möcht' auch mal Leben um mich herum spüren, in der S-Bahn, in der U-Bahn, egal wo, mit anderen Menschen, Männern, Blicke tauschen können, merken, daß ich beachtet werd', daß ich nicht so ganz untergeh'. Eben ganz einfach auch ein bißchen bestätigt werden, als Frau. Aber das geht ja hier draußen nicht, da ist man wie abgeschnitten. Hier draußen komm' ich mir so neutral vor.

Vor einem halben Jahr hab' ich mir gedacht, ich muß jetzt einfach wieder raus, arbeiten gehen, andere Menschen sehen, andere Sachen tun. Ich hab' mich um eine Stelle beworben. Das war ein ganz tolles Angebot an der Uniklinik. In der Zeit, als die Bewerbung lief, war ich gleich viel flotter und fiter. Da bin ich morgens schon richtig aus dem Bett rausgehüpft, nicht nur so geschlichen. Daß da außerhalb der Familie was lief – und daß ich dann tatsächlich die Stelle bekam –, hat meinem Selbstgefühl unheimlich gut getan. Zu Hause immer nur in Jeans und Pulli rumlaufen und Kindern den Popo abputzen, das inspiriert ja nicht gerade.

Ich war total glücklich, daß ich es geschafft hatte. Aber dann hab' ich wieder alles absagen müssen. Mein Mann konnte das mit seiner Gleitzeit dann doch nicht wie vorgesehen in Einklang bringen. Die Firma lehnte es ab. Ohne das ging es aber nicht. Der Jüngste geht ja noch nicht einmal in den Kindergarten.

Das war schlimm für mich. Da denk' ich heute noch mit Sehnsucht dran. Ich sag' mir oft, eigentlich hast du dein ganzes Lebensgefühl, deine Lustgefühle, jegliche Entfaltungsmöglichkeiten durch deine strenge Erziehung und dein schlechtes Gewissen fast fünfzehn Jahre lang unterdrückt, gewaltsam den Deckel draufgehalten. Vielleicht brauchst du jetzt einfach wieder genauso lang, bis du das alles wieder ausgräbst, bis es wieder an die Oberfläche kommen kann. Aber ob es das bringt? Dann bin ich vielleicht schon Rentnerin. Oder Witwe. Dann hab' ich einen Orgasmus und keinen Mann. Das hilft uns beiden dann auch nicht mehr.

Ich habe mir vorgenommen, das Thema Sexualität bis zu meinem vierzigsten Geburtstag in den Griff zu bekommen. Ich tu' soviel wie möglich dafür. Wenn was dabei herauskommt, ist es gut. Wenn nicht, geb' ich's auf. Jetzt bin ich 39.

*Daniela T., 25, Medizinstudentin, alleinstehend.*
Ich hatte jahrelang eine feste Beziehung. Gerade durch diesen Partner bin ich sehr viel weitergekommen, weg von der verklemmten Erziehung, die ich hatte. Da ging es mir ziemlich gut. Nach der Trennung habe ich gemerkt, daß ich wieder Rückschritte mache. Daß ich dabei bin, wieder Stück für Stück Lockerheit zu verlieren, vor allem im sexuellen Bereich. Deshalb hat mich der Titel des Kurses wohl angesprochen. Ich war nicht auf der Suche nach so einem Kurs. Es war ja auch nicht so, daß ich irgendwie besonders unglücklich war, aber irgendwo doch alarmiert. Daß ich sah, es könnte mir besser gehen in dieser Hinsicht.

Sexualität ist mir von daheim als etwas ganz Schlechtes vermittelt worden. Als eine Sünde, etwas Schmutziges, eine Schweinerei. Mir fallen, wenn ich daran zurückdenke, wirklich nur lauter miese Worte ein. Ich hab' auch noch die Erinnerung daran, wie meine ältere Schwester zum ersten Mal mit ihrem Freund wegfuhr und in einem Doppelzimmer übernachtet hat. Das ist irgendwie rausgekommen. Und da hat mein Vater sie unheimlich unter Druck gesetzt, psychisch, mit Worten wie »schamlos« und so. Da ging ein regelrechter Terror los, er wollte sie rausschmeißen. Durch lauter Verbote wollte mein Vater dann verhindern, daß ich auch »so absacke«. Das war schon fast krankhaft.

Ich habe als junges Mädchen keine natürliche Beziehung zur Sexualität gehabt. Mir wurde auch nie etwas Vernünftiges erzählt, ich bin nie aufgeklärt worden. Mein Vater war Arzt. Bei uns daheim ist auch nie einer nackt rumgelaufen, so daß man ein natürliches Verhältnis zu seinem Körper bekommen hätte. Ich hab' auch nie realisiert, daß da zwischen meinen Eltern etwas an Sinnlichkeit, Zärtlichkeit oder gar Sexualität sein könnte. Erst später hab' ich mir oft überlegt, wie wir wohl gezeugt worden sind. Das war mir völlig unverständlich bei all den negativen Sachen, die mein Vater über Sexualität losgelassen hat. Meine Mutter war da weniger schlimm, das war ganz massiv mein Vater. Später bin ich draufgekommen, daß er nebenbei eine Freundin gehabt hat. Da ist bei mir eine Welt zusammengestürzt. Das hat er dann aber abgeleugnet.

Sexualität, das ist in meiner Erinnerung immer verbunden mit drohender Schwangerschaft und damit Rauswurf von daheim. Und sicher auch verbunden damit: Männer wollen immer nur das eine, Männer sind gefährlich, du mußt vernünftig sein, Männer sind es nicht. Du mußt immer bremsen, die Verantwortung liegt bei dir.

Mein erster Orgasmus, das war ein total schönes Gefühl. Ich hab' es nicht deuten können, was es war, aber ich glaub', es war einer. Das war mit einem Freund. Wir haben nicht miteinander geschlafen, wir waren sogar ziemlich angezogen. Wir sind nur aufeinander gelegen und haben miteinander geschmust. Und dabei hab' ich ganz bestimmt einen Orgasmus gehabt. Es war einfach rundum gut. Da war ich ungefähr vierzehn. Ich hab' hinterher immer versucht, dieses Gefühl wieder herzubringen.

Ich hab' laufend Freunde gehabt, aber ich hab' nie mit einem geschlafen. Ich hab' das immer vorher abgebremst, ich hab' unheimlich Angst davor gehabt. Beim ersten Mal war ich knapp zwanzig. Das war ein sehr lustbetonter Mann, der ganz anders erzogen worden war als ich, sehr frei und locker. Der hat das Sexuelle immer als was ganz Schönes mitbekommen. Das hat er dann auch mir zu vermitteln versucht. Ich weiß nicht, wie das weitergegangen wäre mit mir, wenn ich den nicht getroffen hätte. Ich hab' am Anfang natürlich, wie bei mir üblich, versucht, mit ihm zu verhandeln, nicht mit ihm zu schlafen. Ich wollte ihn schon nah dahaben, er konnte ruhig die Nacht dasein. Aber richtig schlafen wollte ich mit ihm nicht. Aber verhindern konnte ich es letztlich nicht. Ich wußte das erste Mal dann überhaupt nicht so richtig, ob »das« jetzt passiert war oder nicht. Ich wußte, du mußt bluten, und das tat ich nicht. Da dachte ich, dann ist es eben überhaupt nicht passiert. Ich war sehr verspannt und verklemmt am Anfang. Aber dadurch, daß er so anders war als ich, wurde es schön. Ich glaube, das war meine große Chance, auf so einen Mann zu treffen. Eine Chance, aus meinen Ängsten, Verklemmungen, Schuldgefühlen rauszukommen. Zu sehen, da gibt es was anderes als das, was mir immer vorgelebt worden ist.

Als die Beziehung mit dem M. in die Brüche ging, war die Gefahr groß, wieder dahin zurückzufallen, wo ich gewesen war. Das hab' ich glücklicherweise einigermaßen rechtzeitig gemerkt und mir, bevor ich wieder in den alten Trott versackt bin, gesagt, da darfst du nicht wieder reinrutschen, da mußt du was dagegen tun. Das war aber sehr schwer.

Ich hab' mich sexuell auf niemanden mehr so richtig einlassen können. Mein ganzes gestörtes Verhältnis zu meinem Körper ist wieder zum Vorschein gekommen. Das gibt es überhaupt nicht, hab' ich mir immer gesagt, daß dich jemand schön finden kann, so, wie du bist. Wenn ich mich nackt auszieh', sieht er mich – das war für mich eine richtige Horrorvorstellung.

Ich glaube, daß Sexualität schon auch viel mit dem Selbstwertgefühl zu tun hat. Wie man sich sieht, als Person, wie man sich und seinen Körper mag. Wenn ich mich selbst nicht mag, kann ich mich auch nicht genießen. Wenn dann ein Mann sagt, es wäre schön, mit mir zusammenzusein, ich würde ihm gefallen, dann glaub' ich das einfach nicht. Da denk' ich nur, aha, die alte Masche, um dich rumzukriegen. Ich hab' von zu Hause ein sehr geringes Selbstwertgefühl vermittelt bekommen, da komme ich immer mehr drauf. Insofern, als ich meinem Vater nie gut genug sein konnte. Mir wurde immer gesagt, ich sei intelligent, hyperbegabt. Aber es hat nie einer gesagt, mei, das machst du jetzt gut. Nur immer, ich könnte es noch besser machen. Ich hab' einen Anspruch an mich selbst vermittelt bekommen, den ich übernommen habe und dem ich nie gerecht werden kann. Daß man gesagt hat, wie intelligent ich bin, das hat mich nie aufgebaut, nie gestärkt. Das war für mich immer nur ein Druck.

Dieser Mann damals, das war ein Ausbruch für mich aus der ganzen verklemmten Welt, ein Vorgeschmack darauf, wie schön es sein könnte. Der hat gesagt, ich mag deinen Busen und deinen Bauch und deinen Po und alles. Und als das vorbei war, war auch alles sonst wieder vorbei. Das war vor zwei Jahren, und, wie gesagt, da hab' ich erst einmal alles fallenlassen. Da hätte ich tausend Verehrer haben können, ich hab' mit jedem ein bißchen herumgetändelt. Aber gewollt hab' ich keinen. Ich hab' immer nur gedacht, nach dem kommt nichts mehr, das wird nie wieder so, das war die Ausnahme in deinem Leben. Mit dem M. war diese Ära wieder vorbei. Mit dem Ende dieser Beziehung ist auch ein Stück Sexualität gestorben. Das klingt bescheuert, aber ich glaube, so ist es gewesen. Ich hab's dann doch noch einmal versucht. Aber ich hatte keine Lust dabei. Vielleicht lag es auch daran, daß das keine Beziehung war, in der ich mich aufgehoben gefühlt hab'. Mir wurde dann schon klar, ich bin nicht der Typ für lockerflockige Nächte. Da tu' ich mich nicht so einfach damit. Ich bin dann nur wieder um so verkrampfter geworden. Ein Jahr später bin ich in den Kurs gegangen.

Eigentlich habe ich damals in dem Volkshochschulkatalog einen Töpferkurs gesucht. Aber die ganzen psychologischen Angebote hab' ich auch noch durchgeschaut. Und da bin ich an dem Kurs über weibliche Sexualität hängengeblieben. Als ich das erste Mal hinging, hab' ich vorher gedacht, o Gott, da werden jetzt lauter so verklemmte Frauen daherkommen, das wird eine ganz weinerliche Geschichte. Ich hab' mir das Schauerlichste vorgestellt. Eigentlich wollte ich dann überhaupt nicht mehr hin. Und am ersten Vormittag hatte ich dann auch das Gefühl, da paßt du gar nicht hin. Ich dachte, als die so von sich und ihren Frustrationen zu reden anfingen, Mensch, da bist du denen doch schon ein gutes Stück voraus.

Was mich dann aber immer mehr angesprochen hat, was ich bislang noch nie so erlebt hatte, das war diese Offenheit, die da herrschte. Daß da alle so erzählt haben, was bei ihnen für Sachen passieren oder nicht passieren. Daß manche noch nie in ihrem Leben einen Orgasmus gehabt haben und sogar fragten, bittschön, was ist das? Wo ich doch immer von mir gedacht hab', ich bin ein bißchen wie Lieschen Müller, und wenn mich mein ehemaliger Freund nicht missioniert hätte, wär' ich total hinter dem Berg. Wo ich mich einfach immer so als Doofi gesehen hab'. Zu merken, im Gespräch mit diesen anderen Frauen, daß ich eigentlich schon ganz tolle Erlebnisse gehabt hab', daß ich da gar nicht so ganz hinten bin, war sehr hilfreich für mich. Das hat mich aufgebaut. Ich hab' schon auch eine gute Freundin, mit der ich über vieles reden kann, aber ich hatte bis dato über das Thema Sexualität noch nie so direkt geredet. Und nie so direkt reden hören. Daß die Annemarie zum Beispiel gesagt hat, ihr Mann möchte, daß sie seinen Penis in den Mund nimmt, und daß es sie so davor graust – das sind so Sachen, die sagt doch sonst keiner. Das sind so Gedanken, Gefühle, die in so einer Runde kommen und aufgenommen, vielleicht sogar aufgefangen werden.

Andererseits hab' ich auch gesehen, daß da Frauen dabeisaßen, die ich äußerlich als recht attraktiv empfunden habe. Zu sehen, wie die auch ihre Minderwertigkeitskomplexe haben, das war schon etwas. Daß man da reinkommt und denkt, so möcht' ich auch ausschauen, und dann hört man, wie es ihnen geht. Das ist ja oft das Problem, daß man sich selbst zum Beispiel auf der Straße so klein vorkommt, wenn man solche Frauen sieht, von denen man denkt, das sind alles die absoluten Sexbomben von der Figur her. Und dann sieht man an sich selber hinunter und hat viel zu viele Pfunde und so Zeug. Und daß die die gleichen Schwierigkeiten haben oder vielleicht sogar noch mehr, das war das Verbindende. Keinem Frauenbild nachzuhinken, das einem die Werbung vermittelt, knackig, frisch und sexy, und alle glauben, sie müssen jetzt auch so aussehen, damit ihre Männer sie mögen. Das war sicher was Verbindendes, daß alle diese Angst haben. Nicht, daß die eine einen Orgasmus gehabt hat und die andere nicht. Das waren zwar auch weitreichende Unterschiede und Probleme, aber grundsätzlich hat es alle irgendwie verbunden, daß sie nicht nur wußten, sie haben Probleme, sondern sie auch offen vor allen hingelegt haben: Damit werd' ich nicht fertig, wie macht ihr das? Ich glaube, das ist schon auch ein bißchen frauenspezifisch, sich so zu öffnen, hineinzuversetzen, nachzugrübeln.

Was mir der Kurs gebracht hat, ist vor allem, daß ich mich vergleichen konnte mit anderen, daß ich gesehen hab', ich bin gar nicht so bieder und so daneben, wie ich gedacht hab', trotz meiner blöden Erziehung. Daß ich eigentlich auf einem ganz guten Weg bin. Und daß ich, mit fünfundzwanzig, schon vieles erlebt hab', was andere mit vierzig noch nicht gehabt haben. Und daß es ein krampfiger Schmarrn ist, zu denken, man müßte das und das in der und der Zeit erreichen. Mir ist die Situation vieler Frauen auch viel bewußter geworden, wenn sie nun nicht mehr berufstätig sind, nur noch angehängt an die Kinder. Daß dieses permanente Zuhausesein, dieser gewisse notgedrungen beschränkte Horizont eine ungeheure Bedrohung für viele ist. Daß da das Selbstbewußtsein ganz schön sinkt.

Ich bin ja keine Mutter. Manche sagen, nach der Geburt habe das Interesse am Sex nachgelassen. Ich glaub', daß es eher was ausmacht, daß die Frau mit Kleinkind so passiv ist, so abgeschnitten, wenn sie nur noch daheim ist. Klar, sie werkelt den ganzen Tag herum, ist von daher gesehen rundrum aktiv. Aber es fehlt doch oft der Bezug zu den Dingen draußen. Daß so eine Frau auch eher eine Wut bekommt, wenn der Mann so geht und kommt und kommt und geht. Und dann, wenn er da ist, will er. Also wie bei der Annemarie. Der Mann kommt heim und will fünfmal in der Woche Sex. Und sie hat die Kinder im Kopf und das Putzen und das Kochen und nichts anderes. Das ist ihr Leben, und das hört ja nicht abends um fünf oder sechs auf. Daß ich dann schon so einen Haß krieg' und denk', er hat den ganzen Tag so ein interessantes Leben, und dann kommt er heim und will, daß es auch im Bett läuft. Ich würde mich benutzt fühlen, ausgeliefert. Das ist doch normal, daß ich in so einer Situation nicht mehr viel Lust entwickeln kann. Das mag falsch von mir sein, es gibt wahrscheinlich auch genug Frauen, die ständig daheim sind und trotzdem eine Mordslust auf ihren Mann haben. Ich würd' halt nicht dazugehören.

Daß ich meine Mutter immer als Neutrum erlebt hab', nur für Mann und Kinder da, – ich glaube, ich hab' von daher auch ein Stück Angst vor dem Muttersein, Mutterwerden. Unter anderem deshalb, weil ich Angst hab', ich müßte wieder ein Stück mühsam erworbenes Frausein aufgeben. Daß dann wieder dieses Sich-Aufopfern kommt, dieses Sich-Hergeben.

Ich hab' nie einem Mann einen Orgasmus vorgespielt. Aber ich hab' manchmal nicht nein gesagt, weil ich gedacht hab', das kann ich jetzt nicht bringen, einem Mann, der mitten in seiner Lust ist, nein zu sagen. Ich hab' also mitgemacht und mich danach beschissen gefühlt. Ich hab' das Gefühl gehabt, daß ich mich damit wieder ein Stück aufgegeben hab'. Ich hab', im Bett und im Leben überhaupt, lang genug nicht gewußt, was ich will. Ich hab' immer nur gewußt, was andere wollen. Aber ein schlechtes Gefühl war dann auch immer mit dabei. Ich glaube, daß ich mich jetzt schon geändert hab'. Dadurch, daß ich jetzt einen geraderen Weg gehe. Ich war immer ein Mensch, der es allen recht machen wollte, der immer freundlich war und nie nein sagte. Ich hab' mich nachts rausklingeln lassen, bloß weil irgend jemand noch Lust darauf hatte, gemütlich zu reden oder was zu trinken. Ich hab' mir jeden Schwachsinn angehört, ohne zu sagen, jetzt hab' ich aber gerade keine Zeit. Ich hab' mir Nächte um die Ohren geschlagen mit Leuten, die sagten, ich brauch' jetzt jemanden zum Reden. Und im Lauf der Stunden hab' ich dann gemerkt, so schlecht geht's denen gar nicht, da hab' ich selber mehr Probleme, aber die wollen sich einfach ausbreiten, und ich hab' nicht gesagt, jetzt reicht es mir. Ich war immer da. Daß man das in wirklich ernsten Situationen ist, ist klar. Aber man wird auch sonst ganz schön ausgenützt.

Jetzt entwickle ich langsam ein Gefühl dafür, daß ich auch was will, daß ich auch Bedürfnisse habe, die ich früher nicht hab' haben, zumindest nicht hab' sagen dürfen. Ich fühl' mich wohler dabei, auf jeden Fall. Auch wenn ich mich dazu durchringe, meinem Partner zu sagen: Du, heute möchte ich nicht ins Kino oder radfahren oder mit dir schlafen. Ich riskiere damit, daß er sauer ist. Aber die Erfahrung, die ich derzeit mache, mit meinem jetzigen Freund, ist eigentlich anders. Es ist ihm letztlich lieber, ich sag' nein, als daß ich irgendwas total muffig und lustlos mitmache. Daß er zu mir sagt, okay, ich würd' zwar jetzt gern mit dir das und das machen, ich find' es blöd, wenn du nicht willst, aber es bringt mir ja auch nur was, wenn du's gerne tust, – das ist total gut. Dann fühle ich mich viel wertvoller und ernst genommen. Und das ist sicher etwas, das ich in dem Kurs gelernt habe, das mit diesem Nein/Ja-Sagen zu tun hat. Das ist bei mir ganz stark hängengeblieben, damit konnte ich in bezug auf mich etwas anfangen. Ich bin jetzt natürlich nicht nach Hause gegangen mit dem Vorsatz: heute sag' ich stur dreimal ja und dreimal nein. Aber: es hat bei mir etwas getroffen im Hinterkopf. Ich wußte, da liegt bei dir vieles im argen.

Mit den anderen Hausaufgaben konnte ich teilweise nichts anfangen. Das hat mich überhaupt nicht angeregt, einen Brief an meine Scheide zu schreiben, ich hab' gedacht, so was Blödes. Ein Psychologe kann da ja wahrscheinlich viel rauslesen. Ich selber hab' das Gefühl gehabt, das würde mir nichts bringen. Das war für mich zu überzogen. Aber sich nackt vor den Spiegel zu hocken und sich anzuschauen und vielleicht dabei langsam zu lernen, die Stellen zu akzeptieren, zu mögen, die man eigentlich nicht mag, das macht für mich einen Sinn. Weil ich immer viele Stellen hab', die ich nicht schön finde, mit denen ich mich erst regelrecht befreunden muß. Immer hab' ich das allerdings nicht gemacht und nie mehr nach dem Kurs. Das ist mir einfach zu lästig gewesen. Vielleicht hab' ich die Hausaufgaben nicht ernst genug genommen.

In der Zeit ohne Freund hab' ich Lustgefühle, sexuelle Befriedigung schon vermißt. Ich hab' auch onaniert, wobei ich dann meist an meinen Exfreund gedacht habe. Ich kann mich ganz gut selber befriedigen, ohne irgendwelche großartigen Phantasien oder irgendwelche Heftchen. Was mir immer noch relativ schwer fällt, ist, zu dem Partner zu sagen, ich hätt' gern, daß du dies machst oder jenes, daß du mich an der und der Stelle streichelst. Das ist für mich schon noch eine gewisse Hürde. Aber in mir findet eine Entwicklung statt, mit Erfolgserlebnissen und mit Rückschlägen, aber immerhin. Das wird zur Zeit immer besser, ich werde wieder offener und lockerer.

Daß ich mit jemandem schlafen könnte, ohne Gefühle zu haben, kann ich mir nicht vorstellen. Bis jetzt habe ich es noch nicht gemacht. Dafür muß schon eine Nähe dasein. Nur Sexualität, nur daß ich wüßte, dem sein Hintern macht mich an, das ginge bei mir nicht. Da könnt' ich gleich eine Gummipuppe nehmen, das find' ich nicht weniger unpersönlich.

*Lexi B., 51, Sekretärin, seit 24 Jahren verheiratet, eine Tochter (22), Mann 54, Diplomingenieur.*

Wenn ich höre, was bei anderen Paaren abläuft, muß ich sagen, daß ich eine sichere und glückliche Ehe führe. Im Gegensatz zu manchen, die sich bloß oder vor allem wegen der sexuellen Beziehungen gefunden haben. Bei uns hat es nie so ernste Schwierigkeiten gegeben, daß unsere Ehe deshalb gefährdet gewesen wäre. Auch keine Seitensprünge. Daß da eine andere Frau oder ein anderer Mann in unsere Beziehung eingebrochen wäre, daß man so etwas überhaupt riskiert hätte – nein, auf keinen Fall.

Aber so ist es eben. Da hat man alles, was man sich wünschen kann. Und trotzdem fehlt etwas. Manchmal, in Gedanken, erwische ich mich dabei, daß ich mich frage, ob das wirklich alles ist. Dann ruf' ich mich wieder zur Ordnung, sag' mir: Versündige dich nicht. Was willst du eigentlich mehr? Du hast einen Mann, der für dich sorgt, der höflich zu dir ist, zuvorkommend, intelligent. Du hast ein Haus hier und ein Ferienhaus in Spanien. Du hast Gesundheit und ein gutes Einkommen.

Wenn halt nur die Sexualität nicht wäre.

Zeitweise macht es mir Spaß, zeitweise gar nicht. Das Garnicht überwiegt. Man könnte auf diesem Gebiet bestimmt mehr herausholen, wenn man wüßte, was beide Partner mehr anregt. Ich jedenfalls weiß es nicht.

Mein Mann kommt fast immer zum Orgasmus und ich nicht. Bei mir ist es oft so, wenn ich Sorgen hab' oder seelisch nicht so zurechtkomme, merk' ich das zuerst bei der Sexualität. Daß das dann überhaupt nicht funktioniert. Das kann schon irgendein Disput mit der Tochter sein, irgendeine kleine Sache. Schwupp, schon ist alles zu. Da reagiere ich total übertrieben. Und nicht erst seit jetzt, das ist schon lange so. Als die Tochter noch in der Schule war und manchmal bis ein, zwei Uhr nachts aus war, konnte ich einfach nicht schlafen. Nicht, bevor sie nicht zu Hause war. Ich konnte es nicht verdauen, daß sie weg war, außer Kontrolle. Ich war immer sehr streng mit ihr. Ich hab' gemeint, ich könnte sie so fernhalten von Jungen und Sex und alldem, wie ich mich selber ferngehalten hab'. Aber es war unmöglich.

In dieser ganzen Zeit damals, das waren gut drei, vier Jahre, war für mich sexuell nichts los. Da wollte ich davon nichts wissen. Da lag ich nachts nur da, machte mir Gedanken und wartete. Das hat meinen Mann sehr strapaziert. Auch, daß ich mich so im Recht dabei gefühlt hab'. Daß ich gesagt hab', das ist doch nicht in Ordnung, daß die so lange weg ist, das geht doch nicht.

In der Beziehung bin ich erst durch den Kurs, durch die Gespräche mit den anderen Frauen lockerer geworden. Da hab' ich gesehen, daß andere ihre Kinder einfach lassen. Zwei Frauen, die fast gleichaltrige Töchter haben, sagten ganz entsetzt: Ja was, und das läßt sich deine Tochter gefallen, wie du sie gängelst? Daß sie am liebsten ab zehn daheim in ihrem Zimmer ist? Und du immer ganz genau weißt, was sie tut? Das hat mich nachdenklich gemacht. Vorher hab' ich immer nur gedacht, ich hab' recht. Meine Gefühle waren von der Angst bestimmt, daß sie ein Kind kriegen könnte. Weil ich ihr ja auch so wenig darüber gesagt habe. Sie hatte Sexualunterricht in der Schule, da war fast mehr drin, als ich selber gewußt hab'.

Aber es ist schon wahr: ich hab' ihr nie vermittelt, daß Sexualität auch was Schönes sein kann. Ich hab' immer mehr auf Sicherheit Wert gelegt. Das ist nach dem Kurs anders geworden. Da hab' ich mich mit ihr hingesetzt und vieles mit ihr besprochen, was ich vorher nie im Traum gedacht hätte. Weil ich Sexualität jetzt eher akzeptiert hab'. Vorher, da hätt' ich vieles von vornherein abgetan, gesagt: das macht man einfach nicht, Schluß, aus, das braucht's nicht.

Mein Leben lang war ich mit meiner eigenen Sexualität nicht zufrieden. Ich hab' einfach mehr erwartet, ohne zu wissen, was. Es ist mir immer eingeimpft worden, man sollte genügsam sein, zufrieden, wenn man nur gesund ist und Arbeit hat. Ich hab' über dieses Thema auch nie groß mit jemandem geredet, hab' halt Romane gelesen und Illustrierte. Zwischen den Zeilen kam da ja immer wieder heraus, daß es noch was anderes gibt, daß nicht alles so im Sand versickert. Ich hab' gemerkt, wie wenig Wissen ich über Sexualität habe. Ich bin jetzt vierundzwanzig Jahre lang verheiratet.

Über sexuelle Dinge wurde bei uns daheim nicht gesprochen. Ich hatte eine ältere und eine jüngere Schwester. Meine Mutter war Kriegerwitwe. Ich bin eben in die Nachkriegszeit gefallen. Und da war das nicht so aktuell wie jetzt, daß man über Lustgefühle oder etwa über Orgasmus gesprochen hat. Wenn man keinen Hunger hatte oder keine Angst oder keine Arbeitslosigkeit, mußte man schon zufrieden sein. Mit Sex wurde da nicht viel experimentiert oder verändert.

Ich bin auf dem Dorf aufgewachsen. Später lebten wir in einer Kleinstadt, wo auch jeder jeden kannte. Partnerwechsel wäre da unmöglich gewesen, das wußte gleich die ganze Stadt. Da mußte man immer schauen, daß man nicht in einen schlechten Ruf kam. Wie man da heute so in der Großstadt lebt, daß man alles ausprobiert und kreuz und quer – das ging damals und dort nicht. Das war verpönt. Mehr noch. Das war ganz und gar unmöglich.

Meine Mutter hatte, nachdem ihr Mann im Krieg gefallen war, auch einige Bekannte. Aber wenn die gemerkt haben, daß die Frau drei Kinder hatte, waren die schnell wieder weg. Meine Mutter war eine sehr nett aussehende Frau, sehr freundlich, weiblich, warmherzig. Sie hat auch schnell Kontakt bekommen. Aber Verantwortung wollte keiner übernehmen von den Männern, mit denen sie Kontakt bekommen hat. Das haben wir Kinder sehr schnell mitbekommen, daß Männer zwar was wollen, aber keine Verantwortung tragen. Das war für mich dann so eine Schablone für alle Männer. Meine Mutter hat eine kleine Rente bekommen und zusätzlich halt bei Bauern mitgeholfen, auf dem Feld. Eine feste Arbeit gab es damals auf dem Land für Frauen nicht. Zwei Männer gab es, die meine Mutter trotz ihrer drei Kinder heiraten wollten. Der eine konnte krankheitshalber nicht arbeiten und der andere wollte nicht. Aber die Rente, die hätte meine Mutter durch eine Heirat ja dann verloren. So hat sie es nicht gemacht. Sie selber hat das seltsamerweise alles nicht so tragisch genommen. Wir Kinder aber haben diese Männer hautnah mitgekriegt und haben sie eigentlich verachtet.

Als ich zwölf war, hatte ich ein schlimmes sexuelles Erlebnis. Nein, keines, das mich selber betraf. Ich war nur mit dabei. Und ich hatte zuvor von Sexualität, von gelebter Sexualität, keine Ahnung. Dadurch, daß meine Mutter oft beim Bauern aushalf, war ich da auch oft. Ich hatte da auch eine Freundin. Manchmal hab' ich auch ausgeholfen und dann dort geschlafen. Da ging es eng her. Da hat man zu viert in einem Zimmer geschlafen, in dem zwei Doppelbetten standen. Meine Freundin und ich in dem einen, die Eltern vor ihr in dem anderen.

Einmal hab' ich mitbekommen, wie die Eltern meiner Freundin miteinander geschlafen haben. Der Frau hat das nicht gefallen, glaube ich. Ich fand den Mann so brutal. Und sie hat es einfach über sich ergehen lassen. Ich bin mit meiner Freundin in dem Bett auf der anderen Seite der Wand gelegen und hab' immer nur gedacht, um Gottes willen, das kann sie sich doch nicht antun lassen. Wenn das so ist, dann kannst du das vergessen. Dann mach das nie, wenn du groß bist. Ich glaube, da sind meine ganzen Verkrampfungen entstanden, meine Ablehnung der Sexualität gegenüber.

Die hatte ich bisher ja nur aus so Herz-und-Schmerz-Romanen bezogen. Oder aus einem Film, wo alles so rosig ausging. Die Realität in diesem Schlafzimmer auf dem Bauernhof, die war ganz anders.

Mein Mann war der erste Mann für mich im Bett. Er war freundlich und fürsorglich. Er hat mir das Gefühl gegeben, für mich ist da eine Sicherheit dahinter. Den kann man heiraten. Ich meine dabei nicht nur die gefühlsmäßige Sicherheit, auch die finanzielle. Die war mir wichtig, nach dieser Kindheit. Als wir uns kennenlernten, war er kurz vor dem Studienabschluß, hatte eine gute Stellung in Aussicht. Ich wollte nie einen Mann, der von mir abhängig war. Da waren mir die Männer, die nach der Witwenrente meiner Mutter schielten, noch viel zu sehr im Gedächtnis. Ich wollte, daß beide gleich stark sind, in jeder Hinsicht, um eine Familie tragen zu können. Die Einstellung meines Mannes war ähnlich: zuerst das Studium, dann eine Freundin und dann eine Familie. Das hatten ihm seine Eltern auch ein Leben lang eingebleut.

Die erste Zeit unserer Freundschaft war rein gefühlsmäßig. Das ging bestimmt zwei Jahre so. Richtig geschlafen haben wir vor unserer Heirat nicht miteinander, allenfalls Petting. Nach zwei, drei Malen wußten wir dann: so ist das also. Es hat uns nicht sonderlich viel gebracht, jedenfalls mir nicht. Da waren wir aber geistig schon so gefestigt, daß wir das Körperliche einfach hingenommen haben. Es gehörte eben dazu.

Mein Mann hat mir, was das alltägliche Leben betraf, immer blind vertraut. Daß ich alles schon so mache, wie er es mag. Das war schon in seiner Junggesellenzeit so, wenn ich ihm sein Zimmer und später sein Apartment eingerichtet hab'. Und später in der Ehe auch. Es gab vom ersten Tag an eine Aufgabenteilung. Ich hab' alles in Angriff genommen und durchgezogen, und er hat dafür gesorgt, daß es finanziell realisierbar war. Diese Aufgabenteilung schien uns von Anfang an gut, sie entsprach uns. Na ja, hab' ich mir gesagt, mit dem kannst du die Ehe wagen. Das andere wird dann schon auch gutgehen.

Die Hochzeitsnacht war für mich mit Verkrampfungen und Ängsten verbunden. Wenn ich überhaupt ein Gefühl hatte, hinterher, dann das: Ich bin froh, daß es vorbei ist. Einen Orgasmus hatte ich natürlich nicht, ich hätte ohnehin nicht gewußt, was das ist. Für mich war alles fremd. So fremd, daß ich es nicht genießen konnte. Die Hochzeitsnacht, das Schlafen miteinander, das war mehr sein Wunsch. Vorher hatte ich das immer abgewehrt, und er hat sich damit zufriedengegeben. Jetzt nicht mehr. Geredet haben wir darüber nicht. Bis heute reden wir noch nicht viel über so etwas.

Die Frage ist, was macht mein Mann falsch im Bett. Und was mache ich falsch. Wenn er zum Schluß zum Orgasmus kommt, bin ich erst einmal zufrieden, daß ich das alles offensichtlich richtig gemacht habe. Aber dabei vergesse ich mich selber. Und ich bin eben offenbar nicht so schnell wie er. Es geht mir überhaupt alles zu schnell. Ich weiß nicht, woran es liegt, warum ich die körperliche Liebe nicht genießen kann. Ich frag' mich immer nur, wieweit ist *er* zufrieden. Ich beschäftige mich viel zu ausschließlich mit ihm. Und dann ist es vorbei, und dann denke ich, verdammt noch mal, warum ist es bei dir noch nicht soweit. Normal ist für uns einmal die Woche.

Es würde meinem Mann nie in den Sinn kommen, mich zu überfallen, seine Wünsche einfach durchzusetzen. Das kenne ich nicht von ihm. Er kann auch in gewissem Rahmen zärtlich sein. Aber große Vorspiele haben wir nicht, eigentlich, wenn ich es mir recht überlege, so gut wie gar nicht. Bei uns ist es eher schlicht der Akt als solcher. Mein Mann sieht mich gerne nackt. Ich mag das überhaupt nicht. Ich schütz' dann immer vor, daß ich frier' oder Halsweh hab' oder Schnupfen. Damit ich die Decke über mich ziehen kann. Im allgemeinen gibt es bei uns im Bett nicht viel Drum und Dran. Allenfalls mal ein bißchen Streicheln, so am Rücken. Manchmal geht's dann ganz gut, manchmal trotzdem überhaupt nicht. Da kann ich mich noch so anstrengen, es klappt halt nicht. Was mich bloß immer wieder ärgert, ist, daß mein Mann ganz regelmäßig funktioniert und ich nicht. Ich hab' das Gefühl, er ist eigentlich ganz zufrieden mit unserem Sexualleben. Mehr als einen Samenerguß haben kann er ja nicht.

Was ich in dem Kurs gelernt hab', jetzt, mit meinen einundfünfzig Jahren, ist, daß es normal ist, wenn ich es bei mir mit der Hand mache. Dann funktioniert es nämlich. Das hätte ich früher nie gewagt, das hätte ich als total weniger wert empfunden.

Ich war, mit Unterbrechungen, immer berufstätig. Erst vier Jahre zu Hause, als das Kind kam, dann halbtags weg. Dann haben wir uns eine Wohnung gekauft, das Kind kam in den Kindergarten, ich hab' wieder ganztags was gemacht. Ich hab' den Kontakt außerhalb des Hauses auch gebraucht. Ich war nie eine gute Hausfrau. Als wir das Haus verkauften, verdiente ich auch wieder voll, war dann ein, zwei Jahre wieder mehr zu Hause. Dann kam das Ferienhaus in Spanien und damit wieder eine Ganztagsstelle. Als ich in den Kurs ging, hatte ich gerade vier Jahre lang nicht mehr gearbeitet. Mein Mann wollte es nicht, ich schon. Wir hatten Schwierigkeiten mit der Tochter und der Schule. Und dann hieß es immer: Ja, wenn du nie zu Hause bist, ist es kein Wunder, wenn das nicht gutgeht. Ich hab' dann gesagt, gut, bleib' ich daheim. Ich hab' mir damals auch richtig vorgenommen, du machst es dem Kind jetzt gemütlich, so, wie es die anderen nicht berufstätigen Mütter auch tun. Bist einfach immer da.

Meine Tochter fand das aber gar nicht so wichtig, die war ja schon so groß. Sie hat sich nicht plötzlich darauf umgestellt, daß ich jetzt immer verfügbar war. Sie hat ihren Trott nicht verändert, kam auch nicht früher heim, bloß weil ich daheim war. Dabei war ich doch extra wegen ihr da! Ich war sehr enttäuscht von ihr, daß sie nicht gesehen hat, was ich für sie geopfert hab'.

Ich selber war in der Zeit dann überhaupt mit nichts zufrieden. Ich war eingezwängt in den Alltagstrott. Als wir beide berufstätig waren und abends müd nach Hause kamen, konnte man doch was erzählen und Erfahrungen austauschen. Man blieb miteinander sitzen, war froh, daheim zu sein. Als ich dann nur noch daheim war, war ich gar nicht mehr so froh. Ich wollte abends gerne weg. Dazu war mein Mann dann aber immer zu müde. Zum Erzählen hatte ich auch nicht mehr viel. Eigentlich gar nichts.

Während des Kurses hab' ich es dann daheim durchgeboxt, daß ich wieder arbeiten geh'. Die anderen Frauen haben gesagt, um Gottes willen, mach das, das tut dir gut. Und deiner Tochter bestimmt auch. Die ist alt genug, daß keiner mehr daheim auf sie wartet und ihr das Essen macht. Nach dem dritten, vierten Dienstag hab' ich es dann gepackt. Ich hab' von einer Minute auf die andere eine Stelle gefunden. Meine Berufstätigkeit hat natürlich nicht nur positive, sondern auch negative Seiten. Halbtags ging es nicht, ich hab' nur eine Ganztagsstelle gefunden. Die fordert einen natürlich doch sehr, wenn man dabei noch Familie, Haus und Garten hat. Man hätte dafür gerne mal einen Tag in der Woche, für Besorgungen, für all das Nebenher. Aber das ging eben nicht.

Trotzdem bin ich froh, daß es so ist. Seit ich wieder berufstätig bin – oder vielleicht auch, seit ich in dem Kurs gewesen bin, ich kann das zeitlich nicht so auseinanderhalten –, bin ich eine ganz andere. Unser Sexualleben ist lebhafter geworden, ich bin bei allem viel angeregter. Ich dachte früher immer, ich steh' nur daneben, ich beobachte alles immer nur von außen, wirke selber gar nicht mit. Das war eine sehr unbefriedigende Situation.

Bei diesen Ja/Nein-Übungen wurde mir erst klar, wie ich mich bei allem eigentlich immer weggeschlichen hab', nie Stellung bezogen hab'. Ich hab' halt immer mitgemacht, ohne Freude, ohne Engagement, aber eben doch. Vor allem im sexuellen Bereich. Ich hätt' mich zum Beispiel früher nie getraut, einfach zu sagen: Heute will ich nicht. Das wäre mir überhaupt nicht in den Sinn gekommen. Man läßt es halt über sich ergehen, irgendwann wird's schon aufhören. Und dann wundert man sich, wenn es schiefgeht.

Mein Mann ist eigentlich ein genügsamer Typ. Einfach, freundlich, höflich. Wenn man ihm was zum Essen hinstellt, würde er nie sagen: Das schmeckt mir nicht, das mag ich nicht. Er paßt sich immer an. Er kritisiert mich nicht, es ist ihm recht, wie ich es mache. Da sollte ich doch eigentlich unheimlich froh und zufrieden sein.

Vielleicht liegt es nur am Alltagstrott, daß ich so lustlos bin, so wenig Schwung zeige. Immer, wenn wir gemeinsam etwas Neues angefangen haben, ob es nun die Einrichtung einer Wohnung war, der Bau eines Hauses oder der Ausbau eines Feriendomizils im Süden, das war für mich immer eine Zeit, in der trotz aller Aufregung und aller Arbeit unser Sexualleben immer viel lebendiger und schöner war als sonst. Jetzt ist alles eingerichtet, alles fertiggebaut, wir kommen jetzt wieder in ruhigere Bahnen, wo das Leben ruhiger wird und damit wohl auch das Sexualleben. Ruhiger und langweiliger.

Wie wir das Haus hier gebaut haben, da ging es total zu. Ich war ganztags berufstätig und am Wochenende war man auch nur auf der Baustelle. Ich hatte keine freie Stunde. Aber da war ich so happy, da ging es sehr sehr gut mit uns beiden. Genauso wie dann in Spanien. Als wir das Grundstück für unser Ferienhaus ausgesucht hatten und die Jahre darauf unseren Urlaub immer mit Arbeit dort ausgefüllt haben, das hat uns so verbunden, dieses Erfolgserlebnis, daß man etwas Neues schafft. Das hat mich auch sexuell sehr angeregt. Mein Mann sagt schon immer, ich kann doch nicht schon wieder ein Haus bauen, bloß damit du eher zu Lustgefühlen kommst. Lustgefühle zu haben, sie mir zu erlauben, hab' ich eigentlich überhaupt nicht gelernt und nie erfahren. Ich weiß nicht, wie man sich fallen lassen kann.

Nach dem Kurs hab' ich viele gute Vorsätze gehabt. Ich hab' einen schönen großen Diwan ins Wohnzimmer gestellt, mit Leopardenfell. Da können wir es uns vor dem Fernseher gemütlich machen. Und hinterher vielleicht ja auch. Vorher wär' ich auf so einen frivolen Gedanken nie gekommen. Aber eigentlich brauch' ich Streicheln, Wärme, Gemütlichkeit, am liebsten unter Palmen. Da steht jetzt auch eine bei uns im Wohnzimmer, neben dem Diwan.

Ich hab's ja schon gesagt, ich mag nicht, wenn mein Mann mich anschaut. Wahrscheinlich deshalb nicht, weil ich mich selber auch nicht so gerne anschaue. Zu der Spiegelübung, die wir im Kurs machen sollten, mußte ich mich ganz schön überwinden. Aber es hat sich gelohnt. Zuerst hab' ich keine schönen Stellen an mir gesehen, nur die, die mir nicht gefallen. Das ist natürlich nicht gerade sehr aufbauend oder lustfördernd. Mit der Zeit hab' ich gelernt, mehr auf das zu achten, was mir an mir gefällt. Oder mich eben ein bißchen günstiger hinzustellen, den Hängebusen nicht so kritisch von der Seite zu betrachten oder den Bauch, sondern mir eine bessere Ausgangsposition zu suchen. Das waren so Hindernisse gewesen, die ich Schritt für Schritt überwunden hab'.

Heute weiß ich auch: ich reagiere am besten auf Streicheln, auf Hautberührung. Das hat gut funktioniert mit dem Vibrator, den ich mir während des Kurses zugelegt habe. Damit bin ich gut zum Orgasmus gekommen. Das hab' ich dann als Hausaufgabe auch relativ regelmäßig gemacht. Heute nicht mehr so. Das flaut dann ja leider ab, wenn man keine Aufgaben mehr gestellt bekommt und alles nur noch für sich alleine macht. Aber ich finde es gut, daß ich jetzt weiß, was ich machen kann, was mir guttut. Und daß ich weiß: ich kann nicht nur mit einem Mann einen Orgasmus bekommen, sondern auch aus mir allein heraus. Daß ich für mich selber sorgen kann. Dann kann ich meinem Mann auch besser zeigen, was mir gefällt.

Aber in diesem Sexshop, da war ich ja ganz entsetzt, was es da alles gibt. So etwas habe ich ja nie gesehen. Grundsätzlich schlecht sind Hilfsmittel nicht. Manchmal hat man ja Zeit oder Lust, wenn der Mann auf Dienstreise ist. Oder wenn man Witwe wird. Alleine wär' ich allerdings nie in so einen Laden gegangen. Und mit meinem Mann zusammen schon gleich gar nicht. Er soll am besten gar nicht wissen, daß es so was auch gibt, hab' ich gedacht. Er weiß es inzwischen auch und hat nichts dagegen.

Außer diesen Spiegel- und Streichelübungen hab' ich die Hausaufgaben nicht sehr regelmäßig und sorgfältig gemacht. Das bedauere ich heute sehr, weil man selber doch besser mitmachen sollte, wenn man etwas verändern will. Und nicht nur dasitzen und warten, daß es sich von selber ändert. Ich hab' nur öfters, und das war auch wichtig, in meiner Kindheit rumgebohrt, welche Erlebnisse mich positiv oder negativ beeinflußt haben. Da muß man doch sehr weit zurückgehen, das ist gar nicht so einfach. Da denk' ich auch heute noch oft darüber nach. Ich habe viele Dinge in mir, die ich nur schwer rauskriege. Dinge, die negativ waren, die ich abbauen möchte, damit diese Verkrampfung endlich aufhört. Das ist etwas ganz Wesentliches, was ich aus diesem Kurs mitgenommen habe. Wenn man, wie man es mir beigebracht hat, nur anständig ist und nach der Kirche lebt, hat man sehr wenig von der Liebe, von der Sexualität. Mein Mann ist streng katholisch erzogen worden, ich ziemlich streng evangelisch. Das fördert die Lust nicht gerade. Nur das Anstandsgefühl bringt einem nicht viel.

All die Jahre sind wir so leidlich miteinander zurechtgekommen. Ich hab' gedacht, so wird es weitergehen bis in alle Ewigkeit. Es ist nicht besser geworden, eher schlechter. Vor allem in den letzten Jahren, als ich nicht berufstätig war. Da saß ich daheim und hatte viel Zeit zum Nachdenken, zum Frustriertsein. Denn das Nachdenken, das war damals ja nicht positiv, da hab' ich nichts daraus gemacht. Ich hab' nur immer darüber nachgedacht, wie unbefriedigend doch alles ist. Aber gemacht dagegen hab' ich nichts.

Irgendwann hab' ich mir dann doch einen Ruck gegeben, hab' mir gesagt, Menschenskind, so geht's doch nicht. Da war ich plötzlich wild entschlossen: Entweder kriegst du jetzt raus, was dir fehlt, oder du kannst es ganz lassen. Ich hab' mich umgesehen, mich orientiert, ob es da von außen her irgend etwas gibt. Denn alleine, das war mir klar, konnte ich in diesem Stadium nichts mehr ändern. Und dann las ich in der Zeitung eben von dem Kurs der Volkshochschule über weibliche Sexualität und auch, daß Männer dabei nicht zugelassen wären. Deshalb bin ich dann dahin. Eine gemischte Gruppe, das hätt' ich nie über mich gebracht.

Während der Zeit des Kurses war ich sexuell viel aufgeschlossener als früher. Ich hab' seitdem auch mehr Mut zum Experimentieren, wenn auch in bescheidenem Rahmen. Als ich merkte, es geht, du kannst durchaus körperliche Lust empfinden, da dachte ich, verdammt noch mal, da hast du so viele Jahre lang so viel versäumt. Man hätte solche Lücken viel früher ausfüllen können. Man müßte sich nicht so lange herumquälen, bloß weil man die Technik nicht kennt, bloß weil man eigentlich überhaupt nichts Konkretes kennt. Immer nur tolle Sachen liest, die einem selber fremd sind. Insofern hat mir der Kurs sehr geholfen. Und auch, weil ich immer dachte, bloß *ich* sei so verschroben. Daß andere Frauen auch diese Probleme haben, auch junge, hübsche, erotisch wirkende Frauen, und das auch zugeben und drüber reden, das war für mich überwältigend. Eine Offenbarung.

Es ist bei mir dadurch viel in Bewegung geraten. Und da will ich auch weitermachen. Ich habe mir inzwischen mehrere Bücher gekauft, Aufklärungsbücher, Bücher über Sexualität. Daß ich solche Bücher jetzt lese und das vor allem nicht mit dem Nebengedanken: Hach, das ist doch sowieso nichts, das macht man doch nicht . . ., das ist schon viel für mich. Daß ich dabei warm werde und mitfühlen kann. Man denkt ja immer, alle wären heutzutage weiß Gott wie aufgeklärt und beschlagen. Aber das stimmt ja gar nicht. Viele trauen sich bloß nicht zuzugeben, daß sie es nicht sind.

Sexualität ist für mich heute ein ganz anderes Thema. Es ist nicht so, daß ich jetzt sexbesessen in der Gegend herumrenne. Aber Sex ist für mich auch nichts mehr, das man unterdrücken, dessen man sich schämen muß. Wenn ich früher an einem Bücherregal im Buchladen oder im Kaufhaus stand und da waren ein paar Sexbücher mit dabei, hab' ich gleich weggeschaut. Oder das Buch – wenn ich es vom Titel her nicht von vornherein »erkannt« hatte und darin blätterte – wie ein ertapptes Kind schnell wieder weggelegt. Heute schau' ich bewußt rein, manchmal kauf' ich es mir dann auch. Bei mir ist grundsätzlich ein Knoten geplatzt. Leider sehr spät. Aber wenigstens überhaupt.

Ich hab' neu denken gelernt. Und praktisch hab' ich zwei neue Techniken gelernt, um zu meiner Befriedigung, zu meiner Lust zu kommen, wenn es mit meinem Mann nicht geht. Heute mach' ich's dann, mit ihm zusammen, mit der Hand. Oder, wenn ich alleine bin, mit dem Vibrator. Das sind zwei Lösungen, die mir der Kurs ermöglicht hat. Nicht nur, weil ich sie genau kennenlernte, sondern weil ich sie mir innerlich erlaubt habe. Das ist das Entscheidende gewesen. Wenn ich beim nächsten Kurs wieder zwei dazulerne, bin ich zufrieden. Aber ich mach' nicht gleich den nächsten. Ich glaube, man muß so etwas auch verdauen. Ich brauche sehr lange, bis ich dazu stehen kann. Das Ganze war für mich ja etwas Überwältigendes, das muß sich jetzt erst setzen.

Als wir uns an irgendeinem Kurstag eine sexuelle Phantasieskulptur vorstellen sollten, kam mir ein Hahn aus Stahl in den Kopf. Ein ganz stolzer Hahn, von der Haltung her, der war auf einem Podest, außen nur Konturen und innen war er hohl. Er hatte so etwas Herrschsüchtiges, Hartes. Mit meinem Mann konnte ich das eigentlich erst einmal überhaupt nicht in Einklang bringen. Hinterher dann doch, als ich mit der Psychologin darüber gesprochen habe. Daß er eben mehr Sexualwünsche hat als ich. Und genau das hab' ich immer so als übertrieben, überheblich empfunden. Da hab' ich immer daran gezweifelt, ob das normal ist. Und jetzt weiß ich, daß *er* normal ist und daß *ich* zuwenig bring'. Aber sobald man das weiß, kann man es ändern. Und ich will es ja ändern. Damals, dieses Verlangende von dem Hahn, von der Haltung her, hoch oben auf dem Podest, das machte mir Angst, das war für mich zu weit oben. Entfernungsmäßig ging es nicht. Die Chris hat mich gefragt, ob ich mich der Statue nähern könnte, ob das irgendwie ginge. Ich hatte das Gefühl, das ginge nie.

Ich glaube, ich kann mich jetzt etwas mehr öffnen, mehr trauen. Ich hab' mehr Sinn dafür bekommen. Auch dafür, es uns schön zu machen. Bei uns hat sich das Leben immer gut entwickelt. Immer folgerichtig, in allen Bereichen. Beruf, Geld, Weiterkommen, Freizeit. Aber es gibt noch andere Dinge. Es ist mir erst jetzt bewußt geworden, daß ich die zuwenig beachtet hab' bisher. Auch im Familienleben. Daß mir das bewußt wurde, fing eigentlich bei einer Äußerlichkeit an. Wir brauchten neue Sitzgelegenheiten fürs Wohnzimmer, zwei Sofas. Statt Leder oder Kunststoff hab' ich mir plötzlich gedacht, du brauchst doch was Weiches, was Angenehmes für die Haut. Wenn man da so sitzt oder liegt. So was wäre mir früher nie in den Sinn gekommen. Da hätte ich ohne zu zögern nur etwas Repräsentatives gekauft. Leder statt Samt zum Beispiel. Heute sag' ich Samt statt Leder.

Mein Mann wird beruflich immer mehr gefordert. Da wird automatisch vieles zurückgedrängt, da muß man als Frau jetzt eben mehr die Initiative ergreifen. Das ist bei mir bisher auch so eine Lücke gewesen. Ich hab' nichts gewußt, nichts gesehen, nichts geändert. Dann wird es langweilig, wenn man nur von der Arbeit und vom Alltag aufgefressen wird. Ich horche heute viel mehr in mich hinein. Ich schau' auch nicht mehr so zwanghaft auf die Uhr: jetzt muß die Wäsche unbedingt raus und aufgehängt werden, jetzt muß die Spülmaschine angestellt, der Tisch abgeräumt werden. Früher war ich da ungeheuer exakt. Ich versuche das jetzt anders zu machen, auch wenn es sich zeitlich nicht gerade sehr gut trifft, daß ich da, unserer Gemütlichkeit wegen, lockerer werde. Ich bin zur Zeit beruflich sehr ausgefüllt, also auch eher auf straffe Organisation, zack, zack, angewiesen. Aber trotzdem mach' ich es jetzt anders. Der Zusammenhang ist mir klar geworden. Die Atmosphäre ist mir jetzt wichtiger als die Ordnung. Natürlich alles im Rahmen. Ein Bohémien werde ich nie. Aber ich habe schon ein anderes Lebensgefühl bekommen.

Früher konnte ich über Sexualität, über Gefühle, Bedürfnisse, Schwierigkeiten nie reden. Vor einem Jahr noch wäre es mir bei so einem Gespräch, wie wir es jetzt geführt haben, schauerlich den Rücken runtergelaufen. Diese Gruppe, die ja auch recht mühsam anfing, aus sich rauszugehen, hat mir sehr geholfen.

**Notizen:**

**Notizen:**

**Notizen:**